Somos
pelos direitos da criança.
Nossos fornecedores uniram-se a nós e não
utilizam mão-de-obra infantil ou trabalho
irregular de adolescentes.

Meu filho voltou!

Copyright by © Petit Editora e Distribuidora Ltda., 2009
4-11-10-5.000-18.000

Direção editorial: **Flávio Machado**
Assistente editorial: **Renata Curi**
Produtor gráfico: **Vitor Alcalde L. Machado**
Capa e projeto gráfico: **Ricardo Brito**
Imagem da capa: **Olaru Radian-alexandru /
Dreamstime.com**
Revisão: **Baby Abrão e
Luiz Chamadoira**
Impressão: **Edições Loyola**

**Dados Internacionais de Catalogação na Publicação (CIP)
(Câmara Brasileira do Livro, SP, Brasil)**

Louzada, Anna.
Meu filho voltou! / Anna Louzada. – São Paulo : Petit, 2009.

ISBN 978-85-7253-175-7

1. Espiritismo   2. Romance espírita   I. Título.

09-03690   CDD: 133.9

Índices para catálogo sistemático:
1. Romance espírita : Espiritismo   133.9

Direitos autorais reservados.
É proibida a reprodução total ou parcial, de qualquer forma
ou por qualquer meio, salvo com autorização da Editora.
(Lei nº 9.610, de 19 de fevereiro de 1998.)
Traduções somente com autorização por escrito da Editora.

Impresso no Brasil, na primavera de 2010.

Prezado leitor(a),
Caso encontre neste livro alguma parte que acredita que vai interessar ou mesmo
ajudar outras pessoas e decida distribuí-la por meio da internet ou outro meio,
nunca deixe de mencionar a fonte, pois assim estará preservando os direitos do
autor e conseqüentemente contribuindo para uma ótima divulgação do livro.

MEU FILHO VOLTOU!

Depois de um terrível acidente,
um menino volta do Além...

Anna Louzada

Rua Atuaí, 383/389 – Vila Esperança/Penha
CEP 03646-000 – São Paulo – SP
Fone: (0xx11) 2684-6000

Endereço para correspondência:
Caixa Postal 67545 – Ag. Almeida Lima
03102-970 – São Paulo – SP

www.petit.com.br | petit@petit.com.br

Sumário

1 No hospital 7

2 Solidão 12

3 A doutora "Gélida" 14

4 O drama de Géli 19

5 A dor da perda 23

6 Reencontro 27

7 Em família 34

8 Reencarnação 37

9 Mudança de comportamento 43

10 Consulta espiritual 47

11	No centro espírita	57
12	Confidências	62
13	Aniversário	66
14	Aflição	70
15	Espiritismo	75
16	Pesadelo	83
17	Revelações	95
18	Exame médico	103
19	Preocupações	110
20	Recusa	119
21	Sofrimento	125
22	União	128
23	Confirmação	135
24	Esperança	140
25	Dificuldades	144
26	Mediunidade	150
27	Amizade	155
28	Transplante	163
29	Lembranças	167

30	Mistérios	180
31	Doador	183
32	"Arco-íris"	187
33	Emoção	193
34	Salvação	200
35	Perdão	207
36	Recuperação	212
37	Segredo	216
38	Passado	223
39	Esclarecimentos	227
40	Vida nova	231

Capítulo 1
No hospital

O primeiro dia de trabalho da doutora Maria não parecia fácil. Primeiro, ela não conseguia vaga para estacionar, e já passava das oito horas da manhã. Precisara levar o filho à escola, pois ele se recusava a ir com o pai. Maria não entendia por que o filho Pedro, de apenas três anos, tinha verdadeiro pavor quando o pai dirigia; isso ficava patente em seus olhos, no rostinho que se crispava, nas palavras ininteligíveis que ele balbuciava. Pedro agia assim desde bebezinho. Maria se angustiava e o marido André, que também não entendia o que se passava, ficava sem jeito com a situação.

Maria pensava nisso quando finalmente conseguiu estacionar o carro e entrou no prédio do Hospital Cristo, que atendia pacientes hematológicos. O prédio era amplo, imponente nos seus seis andares. Todos os dias, centenas de pessoas, entre crianças e adultos, buscavam tratamento médico para as doenças do sangue, algumas adquiridas em algum momento da vida, como a leucemia; outras herdadas geneticamente, como a hemofilia. Todos os pacientes que ali chegavam tinham esperança de alcançar a cura, pois aquele era um hospital de referência em sua especialidade.

Maria deveria apresentar-se à chefe do seu departamento, a doutora Géli. Quando entrou na sala da médica, sentiu um leve mal-estar. E a nova gerente não a recebeu muito bem:

– Bom dia, doutora Géli, eu sou Maria, a nova médica. Estou me apresentando hoje para...

– Doutora! Nosso horário começa às oito horas e termina ao meio-dia! – a doutora Géli protestou, batendo com o dedo indicador no mostrador do seu relógio.

– Desculpe. Tive um imprevisto com meu filho. Ele só tem três anos e...

– Aqui muitos funcionários têm filhos, doutora!

– Desculpe, eu... vou me esforçar mais.

– Espero que sim! – Virou-se para o corredor e gritou: – Rita! – A moça entrou, esbaforida.

– Pronto, doutora.

– Leve a doutora Maria para que ela conheça o nosso bloco.

– Sim, senhora. Por aqui, doutora.

Maria saiu da sala, pensativa, achando que não seria fácil trabalhar com uma chefe assim, que parecia não se importar muito com seus colegas. Ao menos essa fora a primeira impressão.

Rita, muito solícita, apresentou os funcionários que trabalhariam, direta ou indiretamente, com Maria. Todos foram simpáticos ao desejar-lhe boas-vindas. Depois do passeio pelo hospital, Maria sentiu-se mais calma, esquecendo o incidente inicial.

— Pronto, doutora! Esta é sua sala — disse Rita.

— Obrigada. — Maria sorriu.

— Doutora... Não ligue para o jeito da doutora Géli. Ela é assim, mas é boa médica.

— Tenho certeza que sim. Só não estou acostumada a ser recebida assim, principalmente por uma colega.

— Com o tempo a senhora se acostuma.

— Não creio que possa me acostumar com esse tipo de coisa.

— É que a doutora Géli tem uns problemas...

— Problemas todos nós temos, e isso não nos dá o direito de descarregar nos outros.

— É... A senhora tem razão. Bem, seja bem-vinda. Vou voltar pra recepção. Qualquer coisa, me ligue, e eu venho correndo.

— Se precisar eu chamo, obrigada. Mas não precisa vir correndo, não... — brincou Maria, sorrindo.

Rita foi embora, feliz. Gostara da nova médica, que parecia tranquila, incapaz de se abalar facilmente com os ataques da doutora Géli. Lembrou-se de quando a doutora Patrícia começara a trabalhar ali. Chorava todo dia, ao sair da sala da coordenadora. E não fora a única. Alguns funcionários até pediram demissão por não aguentar a chefe. Mas Rita não podia abrir mão do emprego. Ficava perto da sua casa e o salário era bem razoável, ajudando nas despesas domésticas, com os ganhos do marido. O filho de seis anos até estudava em escola particular! É, não tinha do que se queixar, não. Manda quem pode e obedece quem tem juízo, considerou Rita, resignada com a situação.

Quanto a Maria, fora chamada à sala da diretora técnica, a doutora Viviane.

– Bom dia, sou Maria...

– Oi, Maria! Entre, querida, e seja bem-vinda! Espero que fique muitos anos conosco.

– Também torço por isso. – Maria sorriu.

– Meu nome é Viviane, o seu é Maria. É assim que nos trataremos, certo? Ótimo! Você já conheceu a Géli? Acho que sim. Bem, a Géli é sua chefe imediata e às vezes exagera em suas atitudes. Se precisar de algo, pode me procurar. Sabe, de vez em quando preciso conversar com ela... – Sorriu e piscou um olho.

– Obrigada, Viviane.

– Você pode sair mais cedo quando precisar pegar seu filho na escola.

– Obrigada, mas o problema é que, provavelmente, precisarei pegá-lo todos os dias, pois ele se recusa a ir com o pai. Entra em pânico, e não sei explicar por quê.

– Tudo bem, Maria. Nós, mulheres, temos que fazer tanta coisa ao mesmo tempo! É por isso que o mundo é das mulheres! – Viviane comentou, sorrindo.

Maria também sorriu e ficou mais aliviada, pois começava a achar que teria muitos amigos ali. E isso seria bom, uma vez que o marido não gostava muito da vida social. Preferia ficar em casa, assistindo a filmes, brincando com o filho e lendo. Ela sentia falta de cinema, teatro, clube. André sempre lhe dizia para ir com Pedro e aquilo a incomodava. Mas já se acostumara.

Sorriu ao se lembrar do filho. Como estaria na escola? Era seu primeiro dia. Tomara tudo transcorresse bem.

Quando Maria foi buscar Pedro na escola, a professora relatou que ele se recusara só a andar no carrinho das crianças. Ficava repetindo que o veículo ia bater e que só entraria nele se a mãe o dirigisse. Maria ficou sem graça e levou o filho para casa.

Capítulo 2
Solidão

A doutora Géli chegou em casa e, como sempre, trancou-se no quarto. Deitou na cama e ficou olhando o menino na fotografia. O tempo pareceu parar. Apenas aquela foto existia; ela não pensava em nada. Nem mesmo escutava as batidas do marido à porta, chamando-a para almoçar. Rodolfo acabou desistindo e foi comer sozinho.

Às vezes ele achava que a terapia não estava ajudando a esposa. Fazia cinco anos que o filho morrera, mas Géli continuava reagindo do mesmo jeito. Nunca o culpara e ele agradecia a Deus por isso, pois sua dor já era enorme. Nem mesmo pudera ver o filho pela última vez, pois ficara em coma durante uma semana após o acidente.

Quando perguntavam a Géli por que não retomava sua vida normal, ela respondia "eu estou vivendo... respiro, trabalho...

mais do que isso não admito que me peçam". As pessoas não podiam tocar no assunto do acidente do pequeno João, pois Géli tornava-se ríspida a ponto de cometer grosserias. Mas a dor que ela sentia era inimaginável. Ninguém podia sentir dor igual... só as mães que também viveram tamanho drama.

Capítulo 3
A doutora "Gélida"

Já fazia seis meses que Maria trabalhava no Hospital Cristo e aquele prometia ser um dia difícil, pois haveria reunião com a chefe. O ambiente na sala era tenso, apesar de alguns procurarem brincar.

– Como está a doutora "Gélida", hoje? – perguntou o doutor Mário, um dos médicos mais antigos do hospital.

– Como sempre, amigo. Acho que a terapia não está ajudando.

Maria ouvia tudo sem entender. Sabia que Géli tinha algum problema, mas não entendia por que ninguém falava naquilo abertamente. Não lhe parecia que Géli sofresse de algum distúrbio psicológico, mas em seis meses Maria percebera que as pessoas tinham medo dela. Apesar do mau começo entre as duas, não houve nenhum outro problema, ao menos até aquele dia.

Quando a doutora Géli entrou na sala de reunião, cessaram as conversas e as risadas. Seu "bom dia" foi seco, e as pessoas responderam meio sem graça. Maria sentia a atmosfera pesada.

– A principal pauta da reunião de hoje é o congresso do próximo mês. Há três vagas para os médicos. O doutor Clóvis irá, mas não disputa vaga, já que é o diretor do hospital. – Géli falava sem levantar os olhos dos papéis que tinha nas mãos.

A maioria dos médicos deu desculpa para não ir, pois teria a companhia de Géli por uma semana, o que muitos não queriam.

– Doutora Maria, deseja ir? – Géli perguntou sem olhar para a médica.

– Claro, doutora Géli. Obrigada. – Maria sorriu.

– Devo lhe informar que esse congresso é muito importante, e não haverá tempo para passeios ao *shopping* e coisas do gênero. – O sorriso irônico de Géli irritou Maria.

– Doutora, conheço a diferença entre viagem de férias e de trabalho, mas obrigada por me lembrar.

O doutor Mário deu uma risadinha e os outros procuraram disfarçar, uns o sorriso, outros o mal-estar. Géli fulminou Maria com o olhar, mas Maria se manteve impassível.

– Gostaria de saber, doutora, por que mudou a medicação do paciente da enfermaria B. – Géli jogou o prontuário no colo de Maria.

Maria abriu o prontuário e leu atentamente por alguns segundos, mas apenas para recuperar o equilíbrio e responder.

Prometera a si mesma que não perderia a calma com aquela mulher.

– Ele estava medicado havia doze horas e não houve alteração do quadro. A mãe se sentia muito aflita e você não estava no hospital. Eu era a responsável, naquele momento, pelo paciente.

– Se eu não estava no hospital, isso não lhe interessa. Não lhe devo satisfação sobre meus passos, doutora!

Os olhos de Géli faiscavam, furiosos.

– Doutora Géli, não estou discutindo sua saída, estou falando da minha atitude como médica diante de um caso que requeria uma solução imediata.

– Você está aqui há seis meses e já pensa que sabe tudo? Este é um hospital de referência, doutora! Existe uma hierarquia a ser respeitada!

Maria sabia que estava vermelha. Géli queria fazê-la parecer uma recém-formada inexperiente, o que não era verdade. Géli sabia disso, pois vira seu currículo antes de ela ser contratada.

– Doutora Géli, não pensei em hierarquia quando mediquei o paciente. Mas se aqui é mais importante respeitar a hierarquia do que um ser humano, sinto muito.

Pela primeira vez os médicos viram Géli não dar a última palavra em uma discussão. Ela parecia ter recebido um balde de água fria. Respirou fundo e respondeu:

– Quanto à sua conduta clínica, doutora, discutiremos depois. Vamos continuar a reunião.

As pessoas se entreolharam e ficaram sem entender. Maria menos ainda, pois parecia nem ouvir o que diziam na sala. Quando a reunião acabou, já era hora de Maria pegar Pedro na escola.

Quando chegou lá, a professora perguntou:

– Seu apelido é Gegê?

Maria achou engraçado, mas negou, pois nunca tivera apelido. Em sua família ninguém tinha apelido.

– Por quê?

– Porque hoje o Pedro só falou na mãe, chamando-a por esse nome...

– Deve ser brincadeira. Vai ver foi algum desenho a que ele assistiu...

– Ele insistia em que a mãe se chama assim. Bem, deve ter sonhado.

A professora percebeu que Maria estava desconfortável com a conversa. Talvez a criança fosse adotada... Bem, mas isso não era da sua conta. Por isso, despediu-se e voltou ao trabalho.

No carro, Maria perguntou ao filho:

– Como é o nome da mamãe, filho?

– Maria – respondeu Pedro.

– E quem é Gegê?

– É minha outra mãe... – o menino falou tranquilamente.

– Mas, filho, a gente só tem uma mãe...

– Mas a Gegê era minha mãe antes...

– Ah, sei. Agora vamos para casa, está bem?

– Oba! O papai está lá? – Pedro perguntou, feliz.

– Claro, meu amor. Vamos almoçar uma comidinha bem gostosa.

– Oba! – O menino sorria de felicidade, e Maria esqueceu todo o resto.

Quando chegou em casa, encontrou André triste. Sua equipe perdera um projeto importante para a empresa, e isso deixara o chefe insatisfeito. Ele não aceitava perder para uma concorrente. O clima esquentara e André, pacífico, preferira não discutir. Assumira a culpa pela equipe, apesar de saber que a responsabilidade era de todos.

– Meu amor, o Evandro sabe de sua competência. Se ele o trouxe para cá, não é um incidente que vai mudar sua opinião.

– Maria abraçou o marido.

– Eu sei, querida. Obrigado. Venha, vamos almoçar. – André sorria e procurava agir como se nada tivesse acontecido.

– Cadê o meu filhão?

Foi a deixa para Pedro pular nos braços do pai, falando das alegrias da escola. André e Maria ouviam atentamente o filho, felizes com a harmonia do lar.

Capítulo 4
O drama de Géli

O final do ano se aproximava e os preparativos para o Natal já faziam parte do dia a dia. Pedro pediu para o pai escrever uma carta a Papai Noel, pedindo uma bicicleta. Maria se divertia vendo os dois combinando como se esconderiam para ver o Papai Noel chegar.

No hospital, todos falavam na festa de confraternização, que seria no clube. Haveria brincadeira de amigo oculto e sorteio de brindes, que iam de aparelhos eletrônicos a passagens de avião. Maria não estava muito animada para a festa. O clima entre ela e a gerente do departamento não era dos melhores.

Sempre havia discussões e desentendimentos entre as duas, e, o que a fazia sentir-se pior, na maioria das vezes os motivos eram fúteis, como as atividades para as crianças que passavam o dia no hospital, a decoração da nova enfermaria infantil...

A doutora Géli parecia só conhecer a própria opinião. Refutava tudo que os outros falavam. Quando Maria opinou sobre a cor verde para a enfermaria infantil, explicando sobre cromoterapia, Géli riu e tentou ridicularizá-la, como se Maria estivesse falando o maior dos absurdos. O clima mais uma vez ficou tenso, mas os outros médicos desviaram a atenção das duas e o incidente passou. Apesar disso, Maria sentia-se triste ao se lembrar desses momentos.

– Doutora Maria, a senhora já tirou seu amigo oculto? – perguntou Rita, fazendo que Maria esquecesse seus pensamentos amargos.

– Não, mas já estou indo. Obrigada por me lembrar.

– Doutora, a senhora está com algum problema? Posso ajudar? Ah, já sei: é a doutora Géli, não é?

– Não, Rita... está tudo bem. Não se preocupe. – Maria sorriu, sem jeito.

– A senhora precisa dar um desconto para a doutora Géli. Ela já sofreu muito. O que ela passou... peço a Deus para nunca viver algo assim! – a voz de Rita ficou embargada.

– O que há de tão terrível, Rita? – Maria a olhava, séria.

– Eu não posso falar, senão perco meu emprego. Desculpe. – E saiu, apressada.

Maria ficou pensando no que Rita falara. O que poderia ter havido de tão terrível na vida de Géli? Sabia que ela era casada, mas achava que não tinha filhos. Sua sala era impessoal, sem uma única fotografia do marido. E ela nunca se referia a sua casa.

Certo dia, Maria observou-a ouvindo a conversa dos outros colegas sobre suas famílias. Géli pareceu-lhe muito distante, com o olhar perdido. A doutora Patrícia, muito animada, falava de seu filhinho, mas, ao perceber o olhar de Géli, tratou de mudar de assunto rapidamente. Maria percebeu que os outros ficaram pouco à vontade. Não conseguia entender, mas queria descobrir o que acontecera de tão grave a ponto de afetar toda uma equipe de trabalho.

Foi com essa ideia que ela bateu à porta da sala do doutor Mário.

– Oi, querida! Vamos lá, entre! – Mário sorriu, bonachão. Os dois estudariam um caso novo de leucemia.

– Mário, você pode me responder uma coisa? – Maria arriscou.

– Fale, meu bem... – Ele parecia entretido com o prontuário do paciente.

– O que aconteceu com Géli? – Maria apertou as mãos.

Mário parou de ler, olhou-a nos olhos, levantou-se e encaminhou-se para a porta. Maria prendeu a respiração; parecia-lhe que Mário ia chamar Géli e denunciá-la como se fosse uma espiã, uma traidora.

Alguns segundos de suspense, e Maria viu que Mário fora apenas fechar a porta para que ninguém os interrompesse.

– Ela perdeu um filho há cinco anos – Mário disse ao sentar.

– Meu Deus... – Maria sentiu uma pontada no peito. – Eu não podia imaginar... desculpe... sinto muito.

– Ninguém tem culpa. Todos nós temos perdas com as quais precisamos aprender a conviver. A diferença é que Géli quer culpar o mundo por isso.

– É terrível! Acho que a dor de uma mãe, ao perder um filho, é imensa. Acho que eu não suportaria.

– Todos sentimos muito por ela e o marido, mas isso não justifica as atitudes de Géli com os colegas. Além do mais, sempre foi difícil conviver com ela. Mas as coisas pioraram após o acidente.

– Eu pensei que... – Maria suspirou.

– Géli sempre foi assim. Lógico que piorou com a perda do filho. Faz terapia, mas acho que não ajuda muito. Afinal, pau que nasce torto... – Mário sorriu.

– Como aconteceu?

O telefone tocou e a conversa foi interrompida. Rita bateu à porta e chamou Maria para ajudar a doutora Beth com um paciente. Maria caminhava, perdida em pensamentos. Não sabia como olhar para Géli, pois tinha medo de deixar transparecer a dor que sentia por sua perda. Não conseguia nem mesmo imaginar perder Pedro. Seria um pesadelo.

Capítulo 5
A dor da perda

Géli estava em casa. Fazia duas horas que estava trancada no quarto. A empregada não ousava chamá-la, pois seu olhar fulminante fazia que se sentisse um micróbio. Paula trabalhava com o casal havia três anos e não entendia bem o que tinha acontecido. Só sabia que os patrões haviam perdido o filho, o garotinho que via nas fotos espalhadas pela casa.

O patrão lhe dissera, no primeiro dia de trabalho, que ela não movesse nenhuma foto do lugar, nem perguntasse nada que não fosse referente a suas tarefas. Isso Paula entendeu, e por isso procurava não falar muito quando eles estavam em casa. Ainda bem que passavam a maior parte do tempo fora.

Ela limpava o quarto do menino, via tanto brinquedo, tanta roupa bonita... Bem que eles poderiam doar aquelas coisas. Havia tanta criança precisando... Parecia até que os patrões esperavam o menino voltar. Paula procurava não pensar muito nessas coisas; era melhor cuidar de seus afazeres. Foi atender ao telefone.

– Alô... Não, a doutora não pode atender. Sim, senhora, eu dou o recado. De nada... bom dia.

Outra coisa que ela aprendera rápido naquela casa era atender ao telefone e nunca chamar a patroa. Parecia que as pessoas já sabiam que era assim, pois nunca insistiam para que Paula a chamasse. Podia ser a mãe dela, o marido, quem fosse. Géli nunca atendia ao telefone. Por que seria? Paula sabia que não teria a resposta. Então não se preocupava muito com essas coisas.

Géli dirigiu-se ao quarto do filho. Esforçava-se para chorar, mas não conseguia. Suas lágrimas pareciam ter secado, assim como o coração, no dia daquele acidente terrível. Ela se lembrava de cada detalhe do último dia com seu filho. Como ele a acordara, feliz, falando da festa que teriam no sítio dos avós... O sorriso charmoso quando João a fitava e perguntava: "Gegê, você sabe que me ama?" Ela ria e respondia: "Claro que eu sei que te amo". João jogava-lhe um beijo e saía correndo, com a mãe atrás.

Na data do acidente, passaram o dia no sítio. João brincara com os primos, os tios. Todos o amavam muito, pois o menino estava sempre de bem com a vida e com todos. No fim do dia, a chuva veio forte e Rodolfo não quis esperar que ela parasse para voltar. Resolveu pegar a estrada logo, pois eram apenas quarenta quilômetros até a cidade.

Géli estava ao lado de Rodolfo e João no banco de trás quando o carro foi atingido pelo caminhão. O motorista estava bêbado e em alta velocidade. O socorro demorou e ela não teve chance de falar com o filho. João morreu na hora. Rodolfo ficou em coma e nem pôde se despedir do menino. Géli não o culpava, mas também não conseguia entender o porquê de tamanha dor. Todos os seus limites haviam sido postos à prova naqueles dias. A dor e o desespero não podiam ser controlados. Ela se esbofeteava, desesperada por não saber o que fazer. A família procurava protegê-la, com medo de que tentasse o suicídio. Mas Géli nunca pensara nisso. Apenas procurava ver se conseguia sentir dores maiores, na tentativa de esquecer o imenso sofrimento da perda. Seu peito doía, suas pernas não a obedeciam, seu desespero era insuportável.

A irmã quis dar-lhe um remédio para dormir e quase foi agredida. Todos pensaram que Géli enlouqueceria, tamanha era sua insanidade ao perder o único filho. O tempo passou e a dor continuou a mesma. Nada que fizesse conseguia diminuir o sofrimento. Por mais que as pessoas soubessem que sua dor era imensa e que nada a diminuiria, continuavam tentando ajudá-la e isso a irritava profundamente. Como alguém era capaz de imaginar que aquela angústia desapareceria de um momento para outro? Como esquecer o amor puro de uma criança feliz, que só tinha afeto para oferecer e nada pedia em troca?

Às vezes Géli sentia que não aguentaria ficar muito tempo com as pessoas por perto. Apesar de formarem uma família, de se tratar de pessoas que ela sempre amou, ela achava que esse sentimento não existia mais em seu coração. Sentia que não poderia mais amar ninguém nessa vida.

Capítulo 6
Reencontro

C hegou o dia da festa de confraternização do hospital.
Maria queria chegar cedo, mas sua mãe precisou de ajuda para resolver um problema com o batizado de uma comadre, e Maria sempre era o primeiro nome da lista para qualquer consulta, de nascimentos a velórios, passando por batizados e noivados. A mãe não parava de falar ao telefone, e não adiantava lhe dizer que estava atrasada e que a festa era importante. A mãe repetia:

– Minha filha, vocês não sentem falta da gente? Nós morremos de saudade de vocês. Fale mais um pouco... Como está meu netinho? Ele se adaptou bem à escola? Gosta daí? Ah, meu amor... Sinto tanta saudade das peripécias do Pedrinho... Quando vocês vêm nos ver? Não demorem.

Quando Maria e Pedro chegaram ao clube, todos já estavam lá. Ela teve dificuldade para estacionar e deixou o carro longe da sede. Levou quase cinco minutos para chegar ao salão de festas. Todos a cumprimentaram e Maria logo se sentiu à vontade. Percebeu que a doutora Géli não estava na festa e resolveu perguntar:

– Rita, e a Géli? Não vem?

– Ah, doutora, ela geralmente passa por aqui muito rápido e logo vai embora. Não sei se ela vem hoje ou se já veio e foi embora. – Rita tentava manter seu filho quieto, sem sucesso.

Maria procurou participar da festa, sempre de olho em Pedro, para que ele não se afastasse muito. A música estava alegre e o menino a puxou pela mão:

– Venha, mamãe, vamos dançar.

Dançando com Pedro, Maria percebeu que Géli chegava, com um copo de refrigerante na mão. Nesse momento, a música parou, e a diretora técnica, Viviane, começou a agradecer a presença de todos. Os funcionários fizeram silêncio e poucas pessoas perceberam o que aconteceu.

Pedro, ao ver Géli, soltou-se de Maria e correu para ela.

– Gegê! Gegê!

Maria não entendeu nada, mas viu o copo soltar-se da mão de Géli e espatifar-se no chão. Quis correr e proteger o filho, para que ele não se cortasse, mas Géli adiantou-se e evitou que Pedro pisasse nos cacos de vidro.

– Gegê! Eu quase morri de saudade de você! – o menino falou, de forma muito espontânea.

Maria não entendia o que acontecia. Seu filho não conhecia Géli! Nunca tinha ido ao hospital. Nesse momento lembrou-se da professora, perguntando sobre um apelido. Sim! Era Gegê! E Pedro chamou Géli de Gegê! O que era aquilo? Maria não sabia. Não devia ser uma brincadeira, pois seu filho só tinha três anos. Sentiu irritação, ou talvez ciúme. Como Pedro podia conhecer aquela mulher? E como Géli podia conhecer seu filho? Pedro nunca fora ao hospital. Ou será que ele tinha ido, com o pai, sem que ela soubesse? Não! Impossível. Ela saberia.

Sentiu um zumbido forte na cabeça ao ver o filho abraçar Géli. Parecia imersa em água. Achava que o zumbido se devia à pressão, que na certa subira com o susto. Mas, apesar de não se sentir bem, percebeu que Géli estava pálida, muito pálida. Pedro falava o tempo todo, sem parar, e no, entanto, nenhuma das duas ouvia o que ele dizia. A primeira a sair do estado de espanto foi Maria, que se aproximou e puxou Pedro pelo braço:

– Venha, filho...

– Não, mãe... espere! Quero falar com ela... Espere, mamãe!

Apesar dos pedidos de Pedro, Maria não lhe deu ouvidos. Levou-o para o carro. As poucas pessoas que viram a cena não entenderam o que aconteceu e continuaram sem entender, pois Maria e Pedro foram embora. Géli, por sua vez, continuava parada, como uma estátua. As pessoas começaram a se incomodar com aquilo e Viviane foi até ela:

– Géli, querida... está tudo bem?

– Ahn? O quê? Oh, está tudo bem. Eu... preciso ir.

– Você está bem mesmo? Sente alguma coisa?

– Não. Preciso ir. Desculpe. Adeus.

Géli correu para o carro e saiu dirigindo como um robô, sem saber para onde ia. Em sua mente só havia a mesma cena, aquele menino a chamando de "Gegê", o copo caindo, a mulher que o puxava... Maria! Era ela! A nova médica! De repente, Géli sentiu uma raiva inexplicável de Maria. Quis voltar, ir até a casa dela, mas não entendia por quê, não sabia explicar o que faria lá. Elas nunca trocaram palavras fora da área profissional. Géli não tinha amigos, ou melhor, não os queria por perto, e eles não insistiam.

Continuou dirigindo, sem rumo, e só percebeu que estava na casa de sua prima Rose quando desligou o carro. Não sabia o que fora fazer ali, ou talvez soubesse. Precisava contar a alguém o que acontecera. Mas... por que Rose? Não sabia. Mesmo assim tocou a campainha.

– Géli, minha querida! Que bom vê-la! O que houve, prima? Você está pálida... Está se sentindo mal? Entre. – Rose puxou Géli pela mão, suavemente.

– Aconteceu uma coisa muito estranha hoje, na festa do hospital... Um menino...

– Calma, Géli... Sente-se aqui e me conte tudo.

Géli respirou fundo e disparou:

– Um garoto me chamou de Gegê!

Rose ficou calada, olhando Géli ali, pálida, os lábios tremendo. Fazia muito tempo que não via emoção no rosto da prima. Naquele dia, porém, pareceu que tudo ia mudar. Ao ouvir as palavras de Géli, Rose entendeu tudo, mas sabia que não podia se adiantar. Precisaria esperar que Géli desse o primeiro passo, e todos os passos necessários àquele caminho só ela poderia trilhar.

– Conte-me, querida. O que aconteceu?

– O filho de uma médica... Ele parece ter uns três anos... Correu para mim e me abraçou, me chamou de Gegê, disse que sentiu muita saudade... Meu Deus! Rose, pelo amor de Deus... o que é isso?

– Vocês já tinham se visto antes?

– Não. Aquela médica está conosco há menos de um ano. Nunca vi o menino. Rose, o que é isso? Eu não entendo... Só João me chamava assim. Por favor, me ajude!

Rose ouvia tudo atentamente, e em silêncio fazia uma prece de agradecimento a Deus por poder ajudar sua prima tão amada e tão sofrida! Sabia quanto Géli precisava de ajuda. Mas só a partir daquele momento as coisas aconteceriam para que essa ajuda pudesse ser dada.

– Géli, você já ouviu falar em reencarnação?

– Já, mas... o que isso tem a ver?

– Pode ter muita coisa a ver – Rose falava suavemente.

– Eu não entendo, Rose. O que houve? Aquele menino me abraçou... eu o abracei...

– Você teve vontade de abraçá-lo?

– Não sei. Acho que foi instinto. O copo caiu da minha mão, quebrou-se... o garotinho correu para mim... Se eu não segurasse, ele poderia se cortar.

– Querida, já faz cinco anos que o João se foi...

Géli deu um pulo da cadeira e começou a andar de um lado para outro:

— Rose, eu não quero falar nisso! Você não tem esse direito!

A prima a segurou e fez parar.

— Querida, você não consegue explicar o que aconteceu. Talvez eu possa, mas para isso você precisa se abrir.

— Me abrir? Como assim? O que você quer de mim? Eu não fiz nada e não quero que ninguém mexa na minha ferida. Eu não posso, Rose! — gritou.

— Venha, sente-se. Vamos conversar sobre o que pode estar acontecendo.

Géli sentou-se. Parecia mais dócil e olhava atentamente para a prima.

— Fala, Rose, por favor.

— Quando uma pessoa morre, o espírito fica livre da prisão da matéria. Todos temem a morte, mas, por não conhecer o verdadeiro significado dela...

— Por que está me dizendo isso? — Géli tinha a voz trêmula.

— Quero que você entenda que o espírito, ao deixar o corpo, vai para o mundo espiritual, fica lá por um tempo... o tempo necessário para sua evolução, para que ele aprenda o que necessita, a fim de continuar sua caminhada, seja no plano imaterial, seja no físico. Ele desencarna: sai da carne, da matéria, e, dependendo da vontade do Pai, reencarna.

— O que você quer me dizer, afinal?

– Há muitos livros, Géli, que comprovam casos de pessoas que já desencarnaram e numa outra vida relatam fatos que viveram no passado.

– Mas como vão comprovar? Isso parece loucura!

– Existem muitos estudos feitos por conceituados pesquisadores a respeito desses casos. Muitas vezes, eles percorrem o caminho citado pela pessoa e comprovam tudo. A riqueza dos detalhes é tanta que não dá para não acreditar que a reencarnação não exista. Entendo o que você sente...

Géli levantou-se afoitamente e pegou a bolsa:

– Vou embora! Não quero mais ouvir isso!

Saiu batendo a porta. Rose não a impediu. Sabia que era inevitável, e que logo Géli teria que voltar.

Capítulo 7
Em família

Maria chegou em casa com Pedro, muito perturbada, apesar de procurar não demonstrar. O garoto parecia aborrecido. Nada falara no percurso e Maria preferira não fazer perguntas. Não sabia o que pensar ou fazer; queria perguntar a André se ele levara Pedro ao hospital, mas tinha certeza de que o marido não agira assim.

Sentou-se no sofá e ficou sem saber o que pensar. Não tinha com quem falar. O único alívio que sentia era o da chegada do fim de semana. Teria dois dias para se recuperar, encarar as pessoas do hospital e explicar por que saíra daquele jeito.

André chegou e estranhou:

– Já voltaram?! A festa não estava boa?

– É que eu tive um problema...

– Já sei! A tal chefe! Meu amor, você não pode permitir que ela sempre estrague tudo...

– Não, não foi nada disso. Está tudo bem. Você já almoçou? – Maria sorriu, sem graça.

– Já, sim. Cadê o Pedro?

– No quarto, com Lívia.

André, cantarolando, foi ver o filho.

– Oi, filhão, gostou da festa?

– Não. – Pedro parecia triste.

– Por quê? Não tinha sorvete, bolo?

– A mamãe não me deixou falar com a Gegê.

– Essa mamãe... Papai vai conversar com ela. Outro dia você fala com a Gegê, certo?

Pedro abriu seu mais lindo sorriso e pulou no pescoço do pai, que rodopiou com o filho no meio do quarto. A babá assistia a tudo, sorrindo.

André voltou para junto de Maria:

– Por que ele não pôde falar com a Gegê?

Maria reagiu como se tivesse sido picada por uma cobra.

– Você a conhece?

– Não. Pensei que fosse alguma criança... Não é?

– Não. – Maria afundou no sofá.

Só então André percebeu que havia algo errado.

– Querida, o que houve? – ele indagou, sério.

– Eu não sei direito. Uma coisa estranha...

– Com o nosso filho? Com você? Que houve, meu amor?

Maria respirou fundo e falou:

– Pedro falou com minha chefe como se ambos fossem velhos conhecidos.

André riu.

– Ele se dá bem com todo mundo. Ficou com ciúme, querida? Vocês duas não se dão bem e seu filho gosta dela, é isso?

– Não! – Maria estava vermelha. – Pedro correu para ela, abraçou-a, disse que tinha saudade dela... e a chamou de Gegê.

– Gegê? Quando entrei no quarto ele disse esse nome. Contou que você não o deixou brincar com ela...

Maria abraçou-se a André.

– Tive uma sensação horrível quando vi aquela cena. Senti que Géli ia tomar o Pedro de mim... Não sei direito. Parece que ela tem um poder...

– Calma, amor. – André segurou Maria pelos braços. – Claro que isso não vai acontecer. Deve ter sido uma brincadeira, algum desenho que ele viu e achou a mulher parecida...

Maria levantou a cabeça:

– Você acha?

– Claro! Você está impressionada porque isso aconteceu com aquela chefe insuportável. Se fosse com outra pessoa, garanto que você acharia engraçado.

Maria sorriu.

– É, acho que sim.

– Então, agora vamos levantar o astral e aproveitar nosso fim de semana, certo?

Pedro entrou correndo e jogou-se sobre os dois. Naquele momento todos estavam felizes, esquecidos do que se passara.

Capítulo 8
Reencarnação

Durante a semana, no hospital, Maria e Géli não se encontraram uma única vez. Ambas pareciam se evitar, mas na verdade não houve oportunidade para que se falassem. Com o passar dos dias, a lembrança do incidente na festa foi ficando num cantinho da memória, como em espera, apenas aguardando seu momento para voltar à tona.

Um mês depois, num almoço em família, Géli encontrou Rose. A médica parecia distante e por isso a prima preferiu não tocar no assunto. Sabia que o momento certo chegaria.

O almoço transcorria normalmente até a mãe de Géli comentar:

– Ontem sonhei com meu neto...

Ninguém perguntou qual dos netos. Todos sabiam que ela falava de João.

– Engraçado... esse sonho foi diferente. Ele estava com uma moça bonita e a chamava de mãe. Aí eu lhe dizia que aquela não era sua mãe, mas ele insistia, afirmando que Gegê lhe permitira ter outra mãe.

– E a moça, tia? Como ela era? – Rose perguntou.

– Branca, cabelo claro, alta, muito bonita. Estava toda de branco. Acho que era um anjo que cuidava dele...

Rose olhou para Géli, que estava pálida, como no dia em que fora à casa da prima. Géli levantou-se.

– Mamãe, vou para casa. Estou cansada.

– Vá, minha filha. Deus a abençoe e guie.

– Prima, você me dá uma carona? – Rose pediu.

– Claro. Vamos. Até logo, mamãe. Tchau para todos. – Géli beijou a mãe e saiu.

No carro, o silêncio incomodava. Rose parecia sentir o turbilhão de pensamentos da prima, mas nada falou. De repente, Géli parou o carro:

– Mamãe descreveu Maria...

– A mãe do garoto? A médica?

– É. – Virou-se para Rose, os lábios trêmulos. – Você pode me explicar isso?

– Talvez a gente possa compreender esses sinais...

– Como assim? Sinais?

– Nada acontece por acaso. Se você encontrou esse menino, deve haver um motivo.

– Não entendo o que aconteceu naquele dia. Por mais que eu reveja a cena, não consigo entender. É irreal!

– Pode ser assim para você, mas para mim faz muito sentido. Se você me ouvir...

– Está bem. Por favor, explique. Preciso achar uma explicação.

– É possível que esse menino seja o João reencarnado, querida. Quero que você tenha calma, para que eu possa explicar tudo.

Géli respirava com dificuldade, arfando.

– Estou calma.

Rose sorriu.

– É muito comum a criança, nos primeiros anos de vida, ter lembranças de uma vida passada, principalmente quando desencarna com pouca idade ou de maneira brusca. Geralmente, lembra pessoas, lugares, nomes. Às vezes essas lembranças passam despercebidas, por ser a criança muito pequena e não saber falar direito. Mas pode-se observar sua reação a alguns detalhes que a incomodam, como sons, lugares, situações...

– Isso é tão estranho para mim... Não consigo acreditar. É como um oceano me invadindo... a reencarnação... eu sou católica! Nós cremos em outra coisa, você sabe.

– Deus é Pai Misericordioso. Ele não escolhe que um filho tenha tudo e outro viva na miséria. Do contrário, Ele não seria justo. O que passamos neste planeta é o resultado de nossos próprios atos em outra vidas ou até nesta mesma vida. Se eu não acreditasse nisso, como poderia aceitar esse Deus? Eu O aceito e creio Nele porque sei que Ele é Deus de amor e misericórdia, não de vingança. Ele não quer que seus filhos sofram. Se sofremos, é porque estamos apenas colhendo o que plantamos com nosso livre-arbítrio.

— Quando você fala, parece tão simples... — Géli sorriu.

— Eu sei que não é fácil para você, mas, se quiser descobrir alguma coisa, terá de tomar a iniciativa.

Géli passou as mãos pelo rosto.

— Meu Deus, Rose, não sei o que fazer!

— No momento certo você saberá.

— Como assim?

— Já ouviu a expressão "Nenhuma folha cai da árvore sem que seja a vontade de Deus"?

— Já. Mas... por que foi a vontade de Deus que aquele motorista bêbado... acabasse com minha família?

— Querida, Deus não quer nossa infelicidade.

— Mas eu sou infeliz. Cada célula do meu corpo é infeliz. Eu preferia ter perdido meus braços, minhas pernas, minha vida, mas não meu filho. E por isso sou um ser humano infeliz.

— Ah, minha prima... tenha fé em Deus.

— Tento ter, Rose. Mas é tão difícil...

Géli se mostrava a Rose de um modo que não se apresentava para ninguém. Ali, naquele momento, abatida, ela não conseguia esconder sua dor. Havia em seu rosto a angústia de cinco anos de sofrimento e saudade. Rose sentia muito por Géli, mas sabia que não devia perguntar o porquê daquilo tudo. Sabia que Deus nos dá o que devemos ter.

*

Já dentro de casa, Géli andava de um lado para outro da sala:

– O que eu faço agora, Rose? Chego para a Maria e digo: "Oi, você está com meu filho"? – Deu uma risada nervosa. – Eles já me acham louca mesmo...

– Quem a acha louca?

– A equipe do hospital. Sou a chefe, não sou? E chefes não costumam ser benquistos. Precisamos mandar, e muita gente não gosta disso.

– Eu tenho chefe e gosto muito dele, até porque vejo seu esforço em manter o grupo unido. Quer que todos estejam bem. Afinal, se a gente não está bem, o trabalho não rende. Acho que ele sabe disso.

– Então, Rose, o que faço?

– Acho que você deve ir se aproximando dessa médica. Tentar ser amiga dela...

Géli deu outra risada nervosa.

– Mas nós nos detestamos!

– Por quê?

– Não sei... desde o primeiro dia foi assim. Ela chegou e já nos antagonizamos.

– Quem é sua melhor amiga no hospital?

– Não tenho nenhuma "melhor amiga" lá. Mas me dou bem com Viviane. Às vezes nos desentendemos, mas em geral nos damos bem.

– Procure participar mais das coisas. Isso pode ser importante. Quando chegar o momento...

– Momento? Momento de quê?

– Não sei dizer, querida. Juro que não. Mas sinto que vocês ainda vão precisar muito uma da outra... você e essa médica, mãe do menino.

– O nome dela é Maria.

Capítulo 9
Mudança de comportamento

Géli esperou o encarregado do setor de pessoal sair da sala e depois entrou. Não sabia direito o que procurar ali, mas sentia necessidade de encontrar algo que não sabia o que era. Resolveu mexer no computador, acessou o arquivo do pessoal e localizou a ficha de Maria. Viu que era casada; o marido chamava-se André e o filho, Pedro. Ficou longos minutos olhando, sem ver, a tela do computador, até que o toque do telefone a despertou. Achou melhor sair dali antes que alguém a flagrasse.

O telefone tocou na recepção.

– Pronto. Rita falando.

– Rita, você pode vir aqui, por favor? – Era Géli.

Rita estranhou o tom de voz. A chefe parecia mais calma ultimamente, e isso era coisa que ela nunca vira. Mas sua

surpresa foi maior ao entrar na sala da médica e vê-la cantarolando, sorrindo.

— Sente-se, Rita. Quero um favor seu.

Rita entendeu menos ainda. Aquela mulher nunca pedia
nada, muito menos um favor. Só ordenava. O que estava acontecendo? Será que ela e o marido...? Não! Não queria saber, ou
melhor, era melhor nem saber.

— Claro, doutora. Pode falar.

— Hoje temos reunião com os pais dos novos pacientes.
Não poderei comparecer. Peça à doutora Maria para me subs-
tituir.

— A doutora Maria?!

— Isso mesmo. Por que a surpresa?

— Surpresa? Não, doutora, que isso? Sim, senhora! Pode
deixar.

— Vou sair um pouco mais cedo hoje, viu?

— Sim, senhora. Doutora... será que dava para eu sair um
pouco mais cedo também? É que meu filho tem uma apresen-
tação na escola, hoje.

— Tudo bem, Rita, mas não deixe que saibam, viu? Senão
depois ficam dizendo que tenho preferidos, e você sabe que
não é assim.

— Claro, doutora. Pode deixar. Obrigada, doutora. Com
licença.

Rita foi procurar Maria.

— Oi, doutora, com licença... Posso entrar?

— Claro, Rita. Que foi? Que cara é essa?

– Nada... É que tenho um recado da doutora Géli para a senhora. – Rita percebeu que Maria ficou tensa. – Mas não é nada de mais, não. Até porque a senhora sabe: se fosse coisa ruim, ela mesma diria.

Maria sorriu.

– É verdade. Fale, Rita. Que houve?

– Ela pediu para a senhora presidir a reunião com os pais dos novos pacientes.

Maria ficou pensativa. Apesar de não ter muito contato com Géli, não podia deixar de notar que ultimamente ela andava diferente com os colegas. Conversava mais e até acatava as opiniões dos outros médicos.

– Certo, Rita, obrigada. Vou me preparar para a reunião.

Maria percebeu que a recepcionista continuava parada. Perguntou então:

– Mais alguma coisa?

– Não, doutora...

Rita parecia sem graça.

– É que... a senhora sabe, não?

– Não, não sei. O que houve?

– Ai, doutora, desculpe. Sei que parece fofoca, mas...

– O que foi?

– É que...

Rita resolveu sentar-se e continuou:

– A senhora não acha que a doutora Géli está diferente?

Rita pareceu arrepender-se do que falou assim que fechou a boca.

– Olhe, doutora, desculpe. Não tenho nada a ver com isso.

– Todos têm comentado isso. Bom para ela, não? – Maria sorriu. – É sempre bom o ser humano mudar, principalmente quando é para melhor.

– O que será que houve, hein?

Maria deu uma risada.

– Ah, Rita, essa parte aí já é fofoca.

A moça corou até a raiz do cabelo.

– Desculpe. – Juntou suas pastas e saiu rapidinho.

Maria riu, balançando a cabeça.

Capítulo 10
Consulta espiritual

Géli dirigia seu carro em um bairro afastado da cidade. Às vezes pensava não acreditar no que fazia, mas sentia necessidade de procurar algo. Só não sabia bem o quê. Dirigia-se à casa de uma vidente, mas não contara a ninguém. Muito menos a Rose, que com certeza não aprovaria a ideia.

Ouvira, na fila do banco, duas mulheres conversando sobre uma vidente que se comunicava com os mortos e dizia tudo que a pessoa queria saber. Quando uma delas pediu o telefone da vidente, Géli disfarçadamente, e impulsivamente, anotou-o em seu celular. Passou uma semana pensando em ligar, até que tomou coragem e telefonou, marcando hora. Não sabia direito o que perguntaria, mas sentia uma grande necessidade de ir até lá.

Parou o carro na frente de uma casa branca, conferiu o número e tocou a campainha. Uma moça sorridente atendeu e logo a convidou a entrar. Pediu que esperasse dois minutos.

Géli sentiu-se uma tola. Por que se encontrava ali, com uma estranha, para falar de sua vida? Levantou-se num impulso, decidida a ir embora, mas a moça sorridente voltou e disse-lhe que seria atendida naquele momento. Géli não teve coragem de dizer que ia embora, pois pareceria mais idiota do que já estava se sentindo. Então resolveu dirigir-se à outra sala.

A sala da consulta era branca, com quadros de santos nas paredes e uma pintura de Cristo em destaque. A pintura chamou a atenção de Géli, pois Jesus sorria de um jeito tão lindo, tão feliz, como ela nunca poderia imaginar ver em uma imagem.

– Belo quadro, não? – Uma voz doce, porém firme, soou atrás de Géli e a assustou.

Ela se virou para olhar a mulher e se impressionou com sua beleza. Dona Selma devia ter mais de cinquenta anos, e sua pele era lisa e clara, contrastando com o cabelo preto e olhos de um azul incomum. Sua imagem e sua presença impressionavam.

– É... muito bonita. Eu nunca tinha visto o Cristo assim, sorrindo. É muito... diferente.

– Você tem razão, minha filha. Vamos sentar?

Géli sentou-se à mesa, perto da qual havia duas cadeiras. A mesa era pequena, com uma toalha branca e apenas uma imagem de uma santa que Géli não soube identificar. Apesar de católica, não era muito ligada nisso.

– O que você quer saber, filha?

Ela ficou confusa. Não esperava uma pergunta assim, tão direta. Sempre achou que uma vidente soubesse tudo. Imaginava que não precisaria nem abrir a boca.

– É sobre meu filho...

– Um menininho... Quantos anos ele tinha?

Géli ficou atenta quando a mulher perguntou quantos anos seu filho *tinha*. Será que ela sabia? Ou será que só era procurada por pessoas que tinham perdido parentes?

– Eu... – Géli não sabia o que pensar. – Acho melhor eu ir embora...

Géli levantou-se, mas dona Selma segurou sua mão.

– Não, filha. Fique mais um pouco, até se acalmar. Depois, pode ir. Você tem uma foto do seu filho para me mostrar?

Géli tinha a impressão de assistir à cena sem participar dela. Retirou a foto de seu filho da carteira e a entregou à mulher.

– João... o nome dele era João... – Géli conseguiu balbuciar.

Não sabia por quê, mas, quando falou, lembrou-se do filho de Maria a abraçando e a chamando de Gegê, como só seu filho a chamava.

A mulher olhava a foto de João fixamente. Parecia não ter ouvido o que a médica dissera.

Géli ficou quieta, esperando não sabia o quê. Percebeu que o ambiente parecia ter mudado. Seu coração já não estava mais acelerado. Sentia-se mais calma, em paz.

– Seu filho não morreu, minha filha.

– O quê? Houve um acidente...

– Não foi culpa do seu marido... tinha que acontecer...

– Por quê? A senhora diz que ele não morreu, mas eu o vi sem vida!

– Ele já voltou, minha filha.

– Como assim? A senhora me deixa confusa. O que está dizendo? – Géli quase gritava.

– Seu filho já está de volta ao plano físico. E você já o encontrou.

Géli não aguentou mais. Desfez-se em lágrimas. Seus soluços altos a sacudiam. Dona Selma apenas a olhava, em prece, esperando que os soluços passassem.

– Ele é o menino que você viu...

Géli tinha os olhos inchados de tanto chorar.

– Por favor, me ajude! O que devo fazer? Se aquele menino é meu filho, o que faço?

– Torne-se amiga dele. Da família dele.

– Mas eu quero meu filho... – Géli chorava baixinho.

– Filha, a lei de Deus é diferente das leis dos homens. Procure amar seu filho e a mulher que Deus determinou que cuidasse dele agora.

– Ela... nós trabalhamos juntas, mas não nos damos muito bem. Eu não consigo! Não posso! Oh, meu Deus, vou enlouquecer! Ajude-me, por favor! – Géli segurava a cabeça entre as mãos, o tronco inclinado para a frente.

– Filha, você precisa mudar para poder ajudar seu filho.

– Ajudar? – Géli levantou a cabeça, atenta – Como assim?

– Vai chegar o momento em que vocês duas poderão ajudá-lo. Tenha fé, humildade... Peça!

– Já são cinco anos de tormento. Essa ferida que nunca cicatriza... Às vezes sinto que não quero mais viver... – Géli chorava baixinho.

– Não fale isso, filha, para não atrair coisas ruins. O amor de Deus é muito grande e lhe reserva coisas boas.

– Coisas boas! – Géli sorriu tristemente. – Não sei o que são coisas boas. Perdi meu filho. Minha vida não tem sentido, acabou.

– Filha, tenha paciência. Ele ficará perto de você de novo.

– Mas como isso é possível? Meu filho morreu... mas renasceu? É isso?

– É, filha, e você já teve oportunidade de saber disso.

Géli se lembrou de Rose tentando lhe explicar sobre a reencarnação, mas assim mesmo ainda não se sentia à vontade para falar no assunto.

– Eu... o que devo fazer?

– Apenas eleve seus pensamentos ao Altíssimo, a Deus. Peça forças! Você precisa disso. Não fique mais agarrada ao passado.

– Mas o passado é tudo que eu tenho! É lá que está a lembrança de meu filho. – Géli enxugou uma lágrima.

– O futuro será melhor, filha. Tenha fé.

Géli saiu da casa de dona Selma com sentimentos confusos. Pensava em como faria para se aproximar de Maria e, ao mesmo tempo, achava que aquilo tudo era uma grande loucura. Como chegar perto de Maria se elas quase não se falavam?

Dona Selma a aconselhara a ser humilde, a pedir. Mas Géli não se achava arrogante; apenas procurava manter as pessoas a distância por não suportar as conversas vazias e a cara de pena de todos. Era mais fácil ser fria, para que todos ficassem longe.

Uma semana depois, Géli tomou coragem para conversar com Maria, apesar de ainda não saber o que dizer. Pediu a Rita que não marcasse pacientes para as duas porque precisariam se reunir. Rita não estranhou, pois sempre havia reuniões entre os médicos.

Géli foi até a sala de Maria, mas, quando a viu com um paciente, preferiu falar pelo interfone.

— Maria, você poderia vir até minha sala... por favor?

— Claro. — Maria estranhou o tom de voz da chefe. — Já estou terminando com este paciente. Daqui a dez minutos estarei aí.

— Certo. Obrigada. — Géli falou, meio sem graça.

Maria estranhou mais ainda.

Quando entrou na sala da chefe, teve a mesma sensação do seu primeiro dia no hospital, quando foi se apresentar. Ficou tensa e alerta. Não gostaria de discutir, mas também sabia que não aceitaria críticas ou reclamações infundadas.

— Pois não, doutora.

— Olá, Maria. Sente-se... por favor.

Maria sentou-se. Percebeu que Géli parecia pouco à vontade.

— Em que posso ajudá-la?

– Maria, o que vou dizer pode parecer estranho... Para mim também é muito estranho. Na verdade, nem sei como começar.

Maria não entendeu nada, mas preferiu ficar quieta e aguardar para ver o que viria. Por mais que tentasse, não conseguia imaginar o assunto. Procurou mentalmente pelos últimos pacientes e não viu nada que pudesse representar um problema, muito menos que fizesse sua chefe agir daquele jeito.

– Desculpe, mas não estou entendendo.

– Como eu lhe disse, não é fácil. Trata-se de um assunto delicado. Mas tomei uma decisão e preciso conversar com você.

Cada vez Maria entendia menos. Começou a sentir-se incomodada com aquela situação, mas preferiu ficar calada.

– Acho que você já ouviu falar que perdi um filho... – Géli falava olhando fixamente para uma caneta em suas mãos.

– Eu... Sim, já ouvi. Sinto muito...

– Meu filho tinha cinco anos quando morreu. Nosso carro foi atingido por um caminhão dirigido por um motorista bêbado. Nosso filho morreu na hora. Meu marido ficou em coma por uma semana e eu não sofri nada... fisicamente. – Géli sorriu com tristeza.

– Meu Deus! Não sei o que dizer...

– Minha vida nunca mais foi a mesma. Ninguém pode imaginar o que é isso.

– Não sei o que falar. Por que você está me contando isso? É tão doloroso...

– Fui aconselhada a lhe contar.

– Por quê? – Maria sentiu um arrepio.

– O nome do meu filho era João.

Maria continuava atenta, esperando que Géli continuasse.

– Ele só me chamava de Gegê... como seu filho me chamou no dia da festa do hospital. Lembra-se disso? Maria sentiu seus olhos arderem. Não estava entendendo. Por que aquela mulher lhe dizia aquilo?

– Continuo sem entender... O que você quer dizer com isso? – Maria estava pálida.

– Calma, por favor – Géli pediu.

Maria sentiu como se estivesse tomando uma ducha de água fria ao ouvir a chefe falar daquele jeito.

– Por favor, escute. Preciso falar tudo. Por favor... – Géli parecia tão diferente naquele momento! Quase suplicava. – Desde aquele dia, em que seu filho falou comigo, fiquei pensando. Ele nunca me viu. Nós nunca nos falamos. Como ele pôde me chamar de Gegê? Ainda procuro respostas para esse mistério.

– Meu marido disse que pode ter sido algum desenho que ele viu na televisão...

Maria retorcia as mãos, inquieta com aquela conversa.

– Também não sei o que pensar. Tanta coisa aconteceu comigo depois daquele encontro...

– Como assim?

Géli estava de cabeça baixa, e Maria percebeu que ela devia estar chorando. Isso logo se confirmou, quando Géli enxugou os olhos com um lenço, disfarçadamente.

– São coincidências... Não sei como falar nisso. Não entendo muito bem essas coincidências. Minha mãe sonhou com meu filho. Disse que ele estava com uma mulher... e descreveu você.

Maria respirou fundo. Precisava ter calma para entender aquela situação, mas, por mais que tentasse aparentar calma, sua cabeça estava num turbilhão de ideias desconexas. Não sabia o que dizer, não ousava nem pensar naquilo que ouvia. Não podia imaginar como terminaria aquela história.

– Géli, desculpe, mas isso para mim não faz sentido.

– Nem para mim, Maria. Estou procurando respostas, mas é tudo tão absurdo!

– O que não existe não pode ser absurdo. Nada aconteceu de extraordinário para você ficar assim por causa do meu filho.

Géli levantou a cabeça e fitou Maria, que não sabia para onde se voltar. Assim, preferiu devolver o olhar.

– Ele só tem três anos. Deve ter sido alguma fantasia... Como meu marido disse...

– Maria, você já ouviu falar em pessoas que viveram outras vidas? Em reencarnação?

Maria sorriu, sem graça. Esperava sinceramente que Géli não fosse do tipo que acredita em contatos com os mortos e premonições. Se fosse assim, ficaria ainda mais difícil sair daquela conversa sem pé nem cabeça.

– Não entendo disso, Géli, e acho melhor não começar a falar sobre o assunto. Sou católica e ...

– Eu também sou católica, Maria! – Géli parecia começar a perder a calma.

Maria ficou mais tensa, mas procurou falar com serenidade:

– Já ouvi falar em reencarnação, mas não acredito nisso. – Algumas pessoas têm me falado nesse assunto. E então a gente para para pensar, não é? Há teorias interessantes, e os espíritas, você sabe, afirmam que é a lei de Deus que dá a cada um conforme seus atos. – Géli parecia pouco à vontade. – Bem... é difícil, para mim, falar de algo que não conheço direito.

– Pois é... – Maria não sabia o que dizer.

– Desculpe, Maria, mas... poderíamos conversar sobre isso outro dia?

– Claro! – Maria sorriu, aliviada, e levantou-se rapidamente. – Preciso mesmo ir...

– Até logo. – Géli sorriu tristemente.

Maria, apesar de não se considerar próxima de Géli, chegou a sentir simpatia por ela quando viu aquele sorriso triste, mas logo procurou pensar naquela conversa estranha. Não conseguia entender onde Géli queria chegar, e talvez sua mente não aceitasse aquelas novas informações. Então resolveu esquecer e deixar para se preocupar quando o dia da nova conversa chegasse.

Capítulo 11
No centro espírita

A campainha tocou na casa de Rose, que abriu a porta para uma Géli tensa.

– Oi, prima, que houve? Problemas? – sorriu, tentando fazer a outra relaxar.

– Falei com Maria, e ela não quis saber do assunto. Acho melhor parar com essa loucura.

– Tenha paciência, querida. As coisas são como são. Você não pode exigir que tudo aconteça como sempre planeja, não?

– Por que você está me dizendo isso?

– Eu já lhe disse que nada acontece por acaso. Se vocês se encontraram, há um motivo.

– Eu preciso saber, Rose.

– Então faça o seguinte: vá comigo a um centro espírita. Lá você ouvirá coisas que a auxiliarão a compreender a situação.

– Está bem. – Géli parecia uma criança dócil.

Quando chegaram ao centro espírita, Géli percebeu que todos pareciam felizes e até se sentiu um pouco sem graça. Mas logo foi envolvida pelos sentimentos de boas-vindas das pessoas que Rose lhe apresentava.

Todos se reuniram ao redor de uma mesa longa, forrada com uma toalha muito branca. Em cima da mesa havia várias garrafas com água, e copos. O homem que Rose apresentou como diretor da casa fez uma prece que Géli não conhecia, mas que a deixou emocionada. Ele pedia que naquele ambiente houvesse paz e harmonia para que todos encontrassem o que buscavam. Depois ele leu uma passagem do *Evangelho* que falava sobre os bem-aventurados. Géli ouvia a tudo atentamente, e também observava as pessoas. Percebeu que algumas permaneciam com os olhos fechados, enquanto outras balbuciavam palavras que ninguém conseguia ouvir ou escreviam em folhas de papel. Ficou curiosa para entender o que se passava, mas preferiu calar-se e esperar.

No final da reunião, aguardou Rose se despedir das pessoas. Já no carro, resolveu perguntar:

– É só isso?

Rose sorriu, pois já esperava a pergunta.

– Como assim, Géli?

– Pensei que num centro espírita as pessoas falassem com os mortos, como a gente vê nas novelas, nos filmes. Ah, sei lá o que eu estou dizendo!

Rose continuava sorrindo.

– Algumas pessoas realmente falam. Ali, algumas falavam ou ouviam os espíritos desencarnados, mas a maioria que vai assistir às palestras precisa se equilibrar para chegar a ver ou ouvir os espíritos.

– Como assim? Qualquer pessoa pode ver ou ouvir espíritos?

– Mais ou menos. Todo ser humano tem essa sensibilidade. Alguns mais, outros menos. Cabe a cada um saber usar esse dom, treiná-lo, disciplinar-se e, principalmente, saber praticar em benefício do próximo, e não em seu próprio benefício.

– E aquele que dão consultas, os videntes? Isso existe mesmo?

– Claro que sim, prima, mas há quem apenas se aproveita da fragilidade alheia para explorar os outros financeiramente.

– Como assim?

– Quando uma pessoa vai aos videntes, para esse tipo de consulta, geralmente está com problemas que qualquer pessoa mais observadora detecta até pelo semblante. Muitos videntes parecem verdadeiros psicólogos, entendem da pessoa só de olhar para ela e dizem o que ela quer ouvir. E fazem perguntas tão sutis que a pessoa nem sabe que está, ela própria, revelando o que aquele estranho deseja saber.

– Mas todos são assim?

– Não. Existem aqueles que realmente ajudam, que usam seu dom para fazer o bem, que auxiliam, confortam.

– Rose, um dia desses li sobre um caso interessante... Uma vidente que dizia a alguém que uma pessoa já havia reencarnado...

– É como eu disse, querida. Há pessoas que ajudam realmente.

– E como saber quem fala a verdade?

– Às vezes é difícil. E deve-se ter cuidado, para o engano não ser maior.

– Como assim?

– Como falei, a pessoa pode tentar explorar quando percebe que tocou num ponto sensível. Nós vemos muitos casos assim, de gente que procura auxílio de médiuns despreparados, desequilibrados.

– Os macumbeiros?

– Não! – Rose sorriu – Às vezes são apenas pessoas que representam para impressionar os mais desavisados.

– Mas não existe macumba? Por que você riu?

– Existe a energia do pensamento que produz uma espécie de efeito físico sobre aquele a quem é dirigido. Se os fluidos são de boa natureza, o corpo se sente bem; caso contrário, a impressão causa mal-estar. As imperfeições morais são aberturas por intermédio das quais os maus fluidos penetram em nossa constituição.

– Há quem vá a terreiros de macumba só para fazer o mal, não é?

– Os terreiros são de umbanda, não de macumba. – Rose sorriu.

– Qual é a diferença?

– Umbanda é uma religião e deve ser respeitada como tal. Fazer macumba, para mim, particularmente, significa não entender as razões da nossa estada neste planeta, querer mudar rumos em uma vida que já está traçada, pois só vivenciaremos o que devemos viver. Isso, para mim, não muda.

– Sei... Olhe, a palestra foi muito interessante. Eu me senti muito bem lá.

– Que bom, prima! Então venha sempre! Você vai entender melhor tudo que lhe acontece.

– Será?

Capítulo 12
Confidências

Uma semana depois, no corredor do hospital, Géli encontrou Maria e resolveu pedir que continuassem aquela conversa:

– Você pode vir até minha sala?

– Claro. Estarei lá em cinco minutos.

– Ótimo! – Géli tentou esboçar um sorriso.

Quando Maria entrou na sala, viu que a outra folheava um álbum de fotografias. Novamente Maria teve aquela sensação que não sabia explicar.

– Oi, Maria, entre. Quero lhe mostrar umas fotos... – Géli entregou o álbum à outra médica.

Maria começou a folhear o álbum. Sabia que eram fotos do filho de Géli. Notou algo de familiar no garoto. Em todas as fotografias, ele estava com os pais, e todos sorriam, inclusive

Géli. Maria percebeu que o sorriso do menino era igual ao da mãe, de pura felicidade. Seu coração bateu mais forte ao ver aquelas fotos. Por quê?

Maria se sentia contente por Géli se abrir com ela, mas mesmo assim tinha medo daquela situação. Não sabia o que viria depois.

— São lindas, Géli... — Maria devolveu o álbum.

— Aí estava minha vida, Maria. Talvez você já tenha ouvido falar que sempre fui uma pessoa difícil, e que não foi a morte de meu filho que me tornou assim. Mas nem sempre as pessoas têm razão sobre isso.

— Como assim?

— Sempre fui exigente. E as pessoas não gostam muito disso, não?

— Eu sei, mas... — Maria tinha receio de começar uma discussão.

— Sim? Por favor, fale.

— Muitos funcionários sentem medo de você... Oh, desculpe! — Maria teve vontade de morder a língua.

— É, eu sei. E acho que não se muda de uma hora para outra. Nem sei se quero mudar. Acho que essa distância de todos acontece porque não quero que ninguém sinta pena de mim, ou se constranja com meu sofrimento.

Géli baixou os olhos e Maria percebeu que ela chorava baixinho. Maria silenciosamente trancou a porta.

Quando voltou, Géli já enxugava as lágrimas. Maria ficou calada, esperando, olhando-a com um misto de simpatia e receio. Acreditava estar vendo uma face de Géli que, talvez, ninguém naquele hospital conhecesse.

— Desculpe.

— Géli — Maria tocou a mão da chefe sobre a mesa —, você é um ser humano que sofreu um duro golpe. Não precisa desculpar-se. E ninguém tem o direito de julgá-la.

— Obrigada, Maria. — Géli tentou sorrir. — Eu... posso pedir um favor?

— Claro.

Maria também tentava sorrir.

— Não fale sobre isso com ninguém.

— Nem precisa pedir...

— Não é fácil, para mim, expor minhas feridas.

— Eu sei. Olhe, agora preciso ir.

— Está bem. Obrigada pela atenção.

Maria apenas sorriu antes de fechar a porta.

Na casa de Rose, Géli relatava tudo que ocorrera no encontro com Maria. Rose ouvia atentamente. Quando Géli terminou seu relato, a prima comentou:

— Que bom, querida! Estamos fazendo progressos!

— Progressos? — Géli parecia surpresa, quase indignada. — Nós nem falamos sobre meu filho!

Rose sorriu.

— Para você se aproximar de uma criança, precisa ter a simpatia e a confiança dos pais. Acho que Maria pode ser sua amiga. Vocês se tornarão amigas. E isso é tão bom, prima...

Géli passava as mãos pelo cabelo.

– Ah, não sei se vou conseguir. Tudo é tão difícil para mim...

– Eu sei, meu amor, mas é assim que as coisas funcionam.

Géli ficou pensativa, olhando a chuva que caía lá fora. Rose também ficou quieta, esperando. Sabia que a prima precisava de tempo para entender e aceitar o novo rumo de sua vida.

– Rose, como isso pode ser real? Acho que não pode ser, que não faz sentido. É tudo tão diferente do que a gente aprende...

– Tenha paciência e fé em Deus. Você verá que tudo pode ser resolvido.

Capítulo 13
Aniversário

Chegou o dia do aniversário de Pedro. Maria concluía os preparativos ajudada pelas moças da empresa de decoração de festas. Tudo estava como o filho queria: os bonecos, os brinquedos para as crianças se divertirem e deixar os pais um pouquinho à vontade, o bolo de chocolate imenso, como o menino pedira.

Maria convidara apenas os coleguinhas da escola de Pedro, a professora e algumas pessoas do hospital. Não convidou Géli, pois temia que acontecesse algum inconveniente em relação ao filho. Não poderia permitir isso, não no dia que o filho mais aguardava.

A festa transcorria em paz e todos os convidados já tinham chegado. As crianças brincavam, felizes, e os pais conversavam a respeito dos filhos e da escola. Maria e André circulavam entre as mesas e davam as boas-vindas aos convidados. Maria se sentia muito satisfeita.

A campainha tocou. Ela estranhou, pois não faltava ninguém, mas preferiu atender.

Era Géli. Maria ficou muda ao vê-la ali, à porta, com um presente na mão.

– Olá, Maria. Sei que não fui convidada, mas...

– Géli! – Maria não sabia o que dizer.

– Posso entrar? Trouxe um presente para o Pedro.

André chegou nesse momento:

– Olá, eu sou André, o pai do aniversariante – apresentou-se, sorrindo e estendendo a mão.

– Prazer, André. Sou a Géli – E apertou a mão dele.

– Por favor, entre.

André percebeu que a esposa estava pouco à vontade com a chegada inusitada. Procurou agir com naturalidade e encaminhou a médica para a mesa onde se encontravam as pessoas do hospital.

– Oi, pessoal! Quero lhes apresentar a doutora Géli...

André sorria para descontraí-los, pois percebera a cara de espanto de Rita, a secretária, assim como a do doutor Mário. Apenas Viviane pareceu não estar surpresa.

Todos na mesa riram, e até Géli pareceu mais descontraída ao sentar. Depois, o silêncio. Parecia que ninguém sabia o que dizer. No momento em que Mário começava a fazer uma brincadeira, o silêncio foi quebrado pelo grito de alegria de Pedro:

– Gegê! Você veio, Gegê!

O menino atirou-se nos braços da médica e o silêncio pareceu ainda mais denso. Maria e André se entreolhavam enquanto Géli abraçava Pedro. Maria percebia o semblante de alegria de Géli e de Pedro, e se lembrava da conversa com a chefe. Como explicar aquilo?

– Pedro? Venha, meu filho. Seus coleguinhas estão esperando para brincar – Maria chamou.

– Eu volto, Gegê – ele disse ao afastar-se acenando.

Géli ficou calada. Parecia sem graça diante dos colegas do hospital. Mário foi o primeiro a quebrar o silêncio:

– Não sabia que você se dava tão bem com a Maria...

– É? – Géli sorriu amarelo.

Mário insistiu:

– No hospital vocês parecem distantes, mas aqui a gente vê que o filho dela gosta muito de você.

– Até parece que você não sabe como é criança, Mário! – Géli procurava disfarçar o embaraço.

– Pois é isso mesmo, doutor – Rita interveio. – Meu filho vive fazendo amizade com pessoas que nunca viu! Eu fico uma arara, mas ele não perde essa mania!

Géli sorriu, agradecida, por Rita ter dado outro rumo à conversa. A moça ficou surpresa com o sorriso da chefe.

Maria queria chamar os convidados para cantar parabéns, mas tinha medo de Pedro fazer outra cena com Géli. Achou melhor chamar só as crianças. Tentou isso, mas foi em vão, porque Pedro fez questão de levar Géli para junto dos pais enquanto apagava a vela de quatro anos. Todos acharam engraçado, até André; apenas Maria e Géli demonstravam desconforto com a situação.

Quando Géli decidiu ir embora, Pedro pediu-lhe que prometesse voltar em breve. Apesar de Maria sentir-se mal com a situação, André achou divertido e sorriu do embaraço da esposa.

Ao final da noite, com Pedro já dormindo, André resolveu arriscar:

— Muito interessante o jeito como Pedro trata aquela médica, não?

— Não acho nada interessante! — respondeu Maria, irritada e cansada.

— Calma, meu amor. Só estou querendo dizer que é algo que não dá para explicar, só isso.

— Desculpe, André. Estou exausta.

— Tudo bem, querida. Mas me diz uma coisa...

— Sim?

— Você comentou que Géli anda mais cordial com vocês, certo?

— É verdade, querido, por quê?

— Talvez ela esteja querendo mudar, misturar-se mais aos simples mortais. — André sorriu, brincalhão.

— Pode ser, mas no momento a única coisa que me interessa é dormir. Boa noite, meu amor.

— Boa noite, querida. — André beijou a esposa.

Capítulo 14
Aflição

Rose abriu a porta de casa e viu Géli radiante, sorridente como não se via há anos.

— E então? Como foi a festa? Pelo visto ela não bateu a porta na sua cara... — Rose sorria.

— Ele me abraçou de novo! Me chamou de Gegê... como João fazia, lembra?

— Claro que lembro!

Rose sorria, feliz por ver a prima bem, depois de mais de cinco anos de sofrimento.

— E, na hora dos parabéns, ele quis que eu ficasse a seu lado. Acho que ninguém entendeu nada, mas eu estava tão feliz que nem me importei com o que pudessem pensar ou falar.

— Viu, prima, como as coisas estão se encaminhando?

— Mas se encaminhando para onde? Não posso ter mais meu filho... — Géli de repente ficou triste.

– Deus sabe o que faz. Tenha fé.

– Eu quero ter, Rose.

Durante a semana, Géli não teve oportunidade de conversar com Maria, o que para a mãe de Pedro foi um alívio. Não queria falar sobre o que tinha acontecido no aniversário, tampouco lembrar que Pedro pedia todo dia para ver a médica.

Na sexta-feira haveria reunião e Maria sabia que, inevitavelmente, teria de conversar com a chefe. Procurava um jeito de não participar do encontro quando foi chamada à sala de Géli.

Quando entrou, percebeu que ela não estava sozinha. Havia uma moça que tinha alguma semelhança com Géli. Talvez fosse sua irmã.

– Bom dia... – Maria estava pouco à vontade.

– Bom dia. Gostaria de lhe apresentar minha prima Rose.

– Como vai, Maria? – Rose sorriu, simpática.

– Como vai? – Maria devolveu o cumprimento, ainda sem graça.

– Eu contava a Rose como foi linda a festa do seu filho – disse Géli, procurando quebrar o gelo.

Maria sentiu um arrepio percorrer todo o seu corpo. Não gostava da sensação que experimentava quando Géli falava sobre seu filho. Sentia que algo poderia lhe acontecer e a médica tomar-lhe Pedro. Por mais absurdo que isso parecesse,

Maria continuava com essa sensação toda vez que o assunto era seu filho.

– É, foi uma festa animada. – Maria tentou sorrir. – As crianças se divertiram muito.

– Maria, ouça: contei a Rose que...

Maria ficou alerta ao ouvir aquelas palavras. Rose percebeu aquela reação e resolveu intervir:

– Não seria melhor termos essa conversa em outra ocasião? Aqui no hospital não dá. Você não acha?

– Claro, claro.

– Desculpem, mas não entendo que tipo de conversa podemos ter.

Maria sentia-se apreensiva com aquela situação.

– Oh, eu é que peço desculpas! – Géli olhava para Rose, em busca de ajuda.

– Maria, Géli gostaria que nós três conversássemos sobre algumas coisas que dizem respeito a seu filho – Rose falou.

– Meu filho? Não entendo. Desculpe, mas eu nem a conheço. Como você pode saber alguma coisa a respeito do meu filho? – Maria parecia nervosa. – É alguma brincadeira?

– Não, Maria. Por favor, tenha calma! – Géli pediu.

– O que está acontecendo, afinal? O que vocês sabem sobre meu filho?

– Posso lhe falar um minuto? – Rose pediu.

Maria respirou fundo e tentou manter a calma:

– Não entendo o que vocês querem comigo.

– Géli me falou que conheceu seu filho.

– Sim, e daí?

– É que seu filho teve um comportamento estranho...

– Comportamento estranho? – Maria estava atenta – como assim?

Géli olhava de uma para outra, sem saber se falava alguma coisa ou se permanecia quieta. Achava que Maria não facilitaria a conversa, mas, pensando bem, até a compreendia.

– Será que você poderia arrumar um tempinho para conversar comigo e com a Géli, na minha casa? Seria bom à noite, quando estamos mais tranquilas. Você não acha, Géli?

– Claro! Maria, por favor...

– Desculpem, mas não posso.

Maria sentia-se sufocada.

– Veja, só preciso conversar com você – Géli pediu, quase implorando. – Por favor!

– Eu não sei o que vocês querem de mim ou do meu filho! Não tenho nada a conversar com as duas!

– Mas só queremos conversar! – Rose segurou a mão de Maria. – Não há nada demais nisso.

– Por favor, não insistam. Preciso ir.

Maria saiu, batendo a porta. Agora, mais do que nunca, precisava arrumar uma desculpa para não ir à reunião do dia seguinte.

Infelizmente, Maria realmente encontrou uma desculpa para não ir ao hospital no dia seguinte. Pedro acordou com febre alta e ela achou melhor não sair de perto do filho. Ligou para o hospital e avisou que não iria trabalhar. Levou Pedro à pediatra e nada foi encontrado além de uma leve inflamação na garganta. A médica receitou um medicamento e Maria voltou para casa com o filho, mas preferiu ficar o dia todo com ele. Avisou ao hospital que não apareceria à tarde também.

Capítulo 15
Espiritismo

Já se passara quase um mês da estranha conversa entre Maria e Géli, e a médica continuava evitando ficar a sós com a chefe, apesar de saber que não poderia evitá-la por muito tempo. Géli estava sempre por perto e Maria percebia que a médica procurava um meio de lhe falar.

Naquela tarde, Maria foi chamada em casa por Pedro apresentar novamente um quadro febril. Era a terceira febre em menos de um mês, mas nada de anormal foi encontrado. Maria saiu apressada do hospital. Géli percebeu e perguntou a Rita o que acontecera.

– Ah, doutora Géli, é o filhinho da Maria que está com febre de novo. Acho que é a terceira ou quarta vez que Pedro tem febre em tão pouco tempo. Mas a pediatra que cuida dele disse para a doutora Maria que ele não tem nada demais.

Géli sentiu um aperto no coração e resolveu que no outro dia falaria com a mãe de Pedro.

Quando Maria chegou ao hospital, na manhã seguinte, já havia um recado em sua mesa: a doutora Géli queria lhe falar. Não tendo mais como evitar o encontro, Maria resolver enfrentar a situação. Bateu à porta da sala e aguardou a licença para entrar. Géli foi recebê-la pessoalmente.

– Bom dia, Géli. Quer falar comigo?

– Sim, Maria. Eu soube que o Pedro teve febre.

– Ele está bem. Não foi nada de extraordinário – Maria tentava parecer despreocupada.

– O que a pediatra disse?

– Que deve ser uma virose.

– Não seria melhor fazer alguns exames?

– Claro que não! Ele está bem. Nessa época do ano as viroses costumam mesmo aparecer. Não se preocupe. Está tudo bem com meu filho.

– Se está tudo bem, será que você poderia baixar a guarda para a gente conversar?

– Conversar sobre o quê? Não entendo.

– Entende, sim.

– Não, não entendo! Você pode explicar de que se trata?

– Por que você acha que seu filho me trata como se me conhecesse há muito tempo?

Maria ficou muda. Não sabia o que falar. Não esperava que Géli fosse tão direta. Relembrou as situações em que Pedro falava da médica, de quando ele a encontrou pela primeira vez, de como ficava aborrecido por não ver Géli tanto como gostaria, recordou-se do aniversário do filho. Realmente, não sabia o que pensar.

— Não sei como explicar isso. Meu marido acha que ele talvez a confunda com algum personagem de desenho animado. Criança nessa idade tem muita imaginação, você sabe.

Géli sorriu.

— Parece simples, olhando por esse lado. Mas existem alguns detalhes que me fazem crer em outras coisas.

— Nós já falamos sobre o assunto. Não dá para continuar com isso.

— Só lhe peço que converse um pouco comigo e com Rose. Por favor!

Maria ficou calada. Não entendia muito bem aquela história e não sabia, na verdade, se queria entendê-la. Sentia que precisava proteger seu filho, mas não sabia do quê.

— Eu não sei... O que vocês querem de mim?

— Apenas conversar. Só isso.

— Mas por quê?

— Preciso de ajuda, Maria.

— Ajuda? Como assim?

— Preciso entender o que aconteceu com o meu filhinho. Eu... — Géli não conseguiu mais falar, a voz embargada.

Maria quase podia sentir a dor da médica. Talvez pudesse fazer alguma coisa para ajudá-la.

— Está bem, vamos conversar. Quando?

– Pode ser hoje à noite? Na casa da minha prima?

– Claro. Tudo bem.

– Vou lhe dar o endereço.

– Certo. Estarei lá à noite.

– Obrigada, Maria.

À noite, Maria foi recebida por Rose e Géli. Estava apreensiva, pois não conseguia atinar o que realmente a esperava. Depois de Rose oferecer uma bebida e Maria recusar, Géli pediu que falassem logo sobre o que lhes interessava.

– Minha prima Rose é espírita. Acredita que, quando a gente morre... – Géli parecia não saber mais o que dizer.

– Deixe que eu explico – Rose interrompeu. – Maria, o Espiritismo nos ensina que, quando morremos, nosso espírito se liberta do corpo material e tem novas oportunidades de renascer, de acordo com suas necessidades de aprendizado e de evolução.

– Já ouvi falar nisso, mas confesso que nunca entendi muito bem.

– É compreensível, Maria, até porque você e Géli foram educadas na religião católica, que tem outras crenças, como Céu e Inferno. – Rose sorriu.

– E por que vocês querem me falar sobre isso?

– Você sabe que Géli perdeu o filho em um acidente, não? O marido dela estava dirigindo o carro quando foi atingido por um caminhão.

– Ela me contou.

– Faz cinco anos que Géli não sabe o que é sorrir. Vive apenas para o trabalho, nos trata com indiferença, perdeu a alegria.

– Eu entendo...

– Há alguns meses, ela conheceu seu filho.

Maria pareceu chocada. Ficou mais atenta às palavras de Rose. Sua respiração tornou-se mais forte. Seus olhos brilharam intensamente.

– É verdade.

– Maria, você sabe, tanto quanto nós, que seu filho tem um comportamento estranho toda vez que chega perto de Géli.

– Meu marido acha que pode ser produto da imaginação dele. Talvez algum desenho animado a que ele assistiu e que tinha uma personagem parecida com Géli . – Maria sorriu, meio sem jeito.

– E você já descobriu que desenho é esse? – Rose perguntou.

– Não.

– Sabe por quê? Porque esse desenho não existe. Se existisse, você já saberia qual é ele.

– Por que você fala assim?

– Você tem dúvidas quanto ao que acontece com seu filho?

– Dúvidas? Meu filho é só uma criança de quatro anos! Não tenho dúvida nenhuma.

– O que quero dizer é que há muita coisa no comportamento do seu filho que lembra o filho de Géli.

– E daí? – Maria sentia-se desconfortável com aquela conversa. – É coisa de criança. Todas são cheias de imaginação.

– Então, se for só isso, poderíamos conversar com seu filho?

– Não! – Maria deu um pulo do sofá. – Isso não!

Géli não pôde mais se controlar:

– De que você tem medo? Pedro é seu filho! Só queremos conversar com ele. Eu lhe peço: deixe minha prima falar com seu filho. Ela entende dessas coisas. Por favor.

– Pedro é só uma criança! Não permitirei que vocês confundam a cabecinha dele!

Rose conteve Géli com o olhar:

– Maria, só queremos ver seu filho num ambiente diferente do que ele está acostumado. Só para saber mais sobre ele.

– Não posso permitir isso. Desculpem. É melhor eu ir embora. Boa noite.

– Por favor, espere! – Géli pediu.

Mas era tarde. Maria já entrara no carro e estava indo embora.

Chegou em casa visivelmente abalada. André percebeu que algo não ia bem. Tentou falar com a esposa, que não lhe deu ouvidos. Trancou-se no quarto e só saiu quando o pequeno Pedro foi bater à porta:

– Mamãe, sou eu, o Pedro. Abra a porta, por favor.

Ela abriu e abraçou o filho. André observava a cena, calado. Sentia que a esposa não estava bem, mas sabia que não era hora de falar nisso.

André esperou que a babá levasse Pedro para dormir e só então resolveu conversar com a esposa.

– Maria, quero saber o que está acontecendo. Sei que tem algo a ver com sua chefe. O que há?

– Nada. São só alguns problemas no hospital.

– Não, querida, não é só isso. Eu a conheço. Sei que algo a incomoda muito. Por favor, me conte. Sou seu marido, preciso saber o que há, para poder ajudá-la.

– É tão absurdo que eu nem sei como começar...

– Calma, querida. Temos muito tempo.

– Não sei o que dizer. É tudo tão estranho... o que aquela mulher quer dizer...

– Que mulher?

– Géli!

– O que ela diz, meu amor, que a deixa assim?

– Você acredita em vida após a morte?

– Por que me pergunta isso?

– Porque é sobre isso que Géli fala.

– Como assim? Por que ela falaria de um assunto desses com você?

– É isso que não consigo entender.

André abraçou a esposa.

– Querida, talvez ela acredite no Espiritismo, em conversa com os mortos. Só não entendo por que isso a perturba tanto.

– Não sei, querido. Talvez porque não creia em nada disso.

– Mas então por que discute esses assuntos com ela?

– Há algo mais nessa história que não lhe contei...

– E o que é? – André sorriu, tentando encorajá-la a falar.

– Há alguns anos, Géli perdeu o filho em um acidente de carro.

– Que coisa mais triste!

– Dizem que ela nunca se recuperou.

– Mas não é para menos. Nem sei o que seria de mim, sem nosso filho. Mas... o que isso tem a ver com essa história?

– Géli acredita em reencarnação.

– E daí?

Maria escondeu o rosto nas mãos. Não sabia como continuar. Dizer ao marido que a chefe defendia aquelas ideias sobre seu filho era quase como admitir que também acreditava nelas. Não suportava essa possibilidade. Sentia um aperto que parecia matá-la. Era absurdo, mas às vezes sentia que Géli lhe tomaria o filho e o levaria para longe.

– Ela fala uma coisa sobre o nosso filho... – Maria olhava o marido, esperando sua reação.

– Que coisa? – André parecia calmo.

– Diz que o nosso filho parece com o filho dela.

– Como assim?

– Não sei direito... Ela fala essas coisas absurdas. E tem uma prima que afirma que isso é possível.

– Querida, o que acha disso?

– Eu não sei. Não acredito nessas coisas.

– Então, vamos esquecer tudo isso e dormir, sim?

– Está bem. André? Você acha que isso é possível?

– Não sei, meu amor, não sei. Vamos dormir.

Capítulo 16
Pesadelo

Uma semana depois o pequeno Pedro voltou a ter febre, na escola. Maria saiu do hospital às pressas para ir buscá-lo. No consultório da pediatra, após o exame, não foi observado nada além de uma leve irritação na garganta. Novamente Pedro foi medicado e Maria resolveu passar o resto do dia com o filho, em casa.

O movimento no hospital aumentara ultimamente, com o diagnóstico de novas crianças com leucemia e outras doenças do sangue. Maria se entristecia com a visão de tantas crianças, tão pequenas, com aquela doença terrível, e se comovia ao ver o sofrimento dos pais. Muitos entravam em desespero quando recebiam a notícia.

Apesar de não desejar dar tal notícia para ninguém, preferia conversar com os pais nesse momento, pois sentia que confiavam nela e acreditavam quando lhes dizia que as chances de cura eram grandes nas crianças. Alguns funcionários chegavam a pedir-lhe que se encarregasse dos pais mais difíceis, e ela nunca se negava, talvez porque sentisse que poderia levar-lhes um pouco de esperança. Esperança que Maria precisaria encontrar em breve.

Géli continuava tentando conversar sobre Pedro, mas Maria evitava a médica a todo custo. Rose ia ao hospital de vez em quando, tentando também algum contato com Maria. Mas nada conseguia.

A médica passara a frequentar as reuniões do centro espírita e cada vez se interessava mais pelo assunto. Procurava ler livros que falavam sobre a reencarnação e tirava suas dúvidas com a prima.

Certa noite, Maria e André foram acordados pelos gritos de Pedro. Os dois correram para o quarto do filho e o encontraram sentado na cama, os olhos vidrados, gritando sem parar:

– Não, pai! Cuidado com o caminhão! Cuidado, pai!

Maria abraçou o filho e procurou niná-lo:

– Pedro, a mamãe e o papai estão aqui. Está tudo bem, filho. Volte a dormir. Vamos ficar aqui, a seu lado.

Pedro foi se acalmando e adormeceu. Maria preferiu passar o resto da noite ao lado do filho. De vez em quando, acordava sobressaltada, mas o menino dormiu tranquilamente.

Na manhã seguinte, ela foi para o hospital sentindo o peso da noite maldormida, mas mesmo assim procurou não demonstrar. Leu os prontuários antes de começar o atendimento.

Gostava de se preparar com antecedência para conhecer melhor os pacientes. Passava um pouco das oito horas quando atendeu seu primeiro paciente, e antes das dez e meia da manhã já tinha atendido o último. Resolveu ir ao refeitório tomar um café.

Ao chegar lá, teve uma surpresa que não classificou de agradável. Géli e Rose também se encontravam ali. Rose antecipou-se, com medo de que Maria desse meia volta e fosse embora:

— Oi! Sente-se com a gente e tome um café. Foi isso que você veio fazer aqui, não?

Maria assentiu com um sorriso meio sem graça. — Você parece cansada. Aconteceu alguma coisa? — Géli perguntou.

— Não, não. Está tudo bem.

— Você parece realmente cansada. Algum problema com Pedro? — Rose percebeu que Maria ficou mais alerta com essa pergunta.

— O que você quer dizer?

Rose procurou usar bem as palavras para não causar outro incidente:

— Desculpe, não tive a intenção de aborrecê-la.

— Tudo bem, eu é que peço desculpas. Não dormi bem por causa do Pedro.

— Ele está bem? — Géli perguntou, preocupada.

— Está, sim. — Maria sorriu, agradecida — Foi só um pesadelo que ele teve ontem à noite.

Rose ficou atenta, e com os olhos implorou a Géli que não falasse nada. Maria tomava seu café. Rose resolveu continuar:

– Pesadelo é muito comum em crianças nessa idade. Eles gritam um pouquinho e logo voltam a dormir. Basta niná-los e no outro dia não se lembram de nada.

– É, acho que você tem razão. Hoje de manhã meu marido perguntou sobre o caminhão do sonho, mas Pedro disse que não sabia. – Maria sorriu.

Géli a ouvia com interesse, principalmente depois que ela se referiu ao caminhão. Rose olhou para Géli e continuou a pedir, com o olhar, que ela não interrompesse. A muito custo, Géli continuou calada.

– Pedro sempre tem pesadelos?

– Não. Nunca teve. Foi a primeira vez. – Maria percebeu a atmosfera diferente na mesa – Por quê?

– Por nada. Só curiosidade. – Rose sorriu.

Maria também sorriu.

– Já está na minha hora. Tenho que pegar meu filho na escola. Até mais.

– Até logo. Vá com Deus. – Rose acenou.

Maria olhou para Rose, surpresa com aquela demonstração de carinho.

– Até mais, Maria. – Géli falou.

Na escola, a professora de Pedro chamou Maria para um canto.

– Hoje ele passou a manhã toda arredio e não quis brincar com os coleguinhas. Parecia aborrecido. Aconteceu alguma coisa?

– Não, nada.

Maria achou que não havia necessidade de contar à professora sobre o pesadelo. No carro, resolveu perguntar ao filho:

– Aconteceu alguma coisa na escola? Por que você estava triste?

– Não aconteceu nada, mamãe. Eu só estava cansado...

– Cansado de quê, filho?

– Porque eu sonhei com o caminhão que bateu na gente, mamãe.

Maria teve de se controlar para continuar dirigindo. Achou que podia não ter ouvido direito.

– O que você disse, Pedro? Que um caminhão bateu na gente?

– É, mamãe. O caminhão...

Maria respirou fundo. Achou melhor parar o carro, pois não se sentia segura de continuar a dirigir com o filho falando coisas que ela não ousava querer entender.

– Filho, que caminhão foi esse? Você viu onde? Na televisão?

– Não, mãe. É aquele caminhão de quando eu ainda não era seu filho nem do papai. Você não lembra?

Maria tentava parecer calma, mas achava que não conseguiria isso por muito tempo. Respirava rapidamente, como se quisesse evitar uma perda de consciência. Sentia que poderia desmaiar a qualquer momento.

– Meu amor, conte para a mamãe como foi esse... acidente.

– O homem veio no caminhão e bateu no carro que o meu outro pai estava dirigindo. – Pedro fez uma pausa, como se refletisse. – Mamãe, eu ainda não vi o meu outro pai.

Maria pensou em parar com aquela conversa, mas não conseguiu. Não teve forças. Parecia que uma força invisível a impelia a continuar perguntando.

– Filho, como foi que você se lembrou desse acidente?

– Eu não sei, mamãe. Eu só me lembrei e pronto.

– E o que mais você lembrou?

– Lembrei que dormi um montão assim! – E abriu os braços.

– E depois?

– Depois eu vim para cá, com você e com o papai.

– E quem estava no carro com você, meu amor?

– O meu outro pai e a minha outra mãe... a Gegê.

Maria ficou muda. Apesar de, inconscientemente, já esperar por aquilo, não se sentia nem um pouco preparada para ouvir tais coisas de seu filhinho de quatro anos. Sentia-se perdida, sem saber o que fazer, o que dizer. Não podia nem imaginar que rumo tomar agora, com aquele peso pairando sobre sua cabeça. Sentia um medo absurdo de perder o filho. Chegava a pensar que Géli teria algum poder sobre Pedro, e no instante seguinte balançava a cabeça, como se estivesse delirando com tal pensamento. Não podia perder a noção da realidade.

– Filho, a Gegê falou alguma coisa sobre esse acidente com você?

– Não, mãe. Acho que ela ficava triste. Ela chorava muito quando eu estava lá no céu.

– Lá no céu?

– É... antes de eu vir para cá.

– Mas quando a Gegê foi lá em casa, ela... conversou com você?

– Não, mamãe. Por quê?

– Por nada, filho. Por nada.

Maria sentia-se ridícula fazendo aquelas perguntas, pois sabia que Géli não tivera oportunidade de conversar a sós com Pedro. Não conseguia atinar como o menino sabia de tantos detalhes. Será que Rose tinha razão? Seria um caso de vida depois da morte?

Maria não sabia que atitude tomar. Devia contar para o marido? Procurar Géli ou Rose? Não sabia realmente o que fazer. Decidiu ligar o carro e ir para casa antes que André ficasse preocupado.

Quando chegou, recebeu a notícia de que o marido não almoçaria em casa. Sentiu-se aliviada, pois ao menos não precisaria explicar por que estava tão preocupada.

Na volta para o hospital, à tarde, a primeira pessoa que encontrou foi Géli. Não sentiu a mínima disposição de conversar sobre aquele assunto. Na verdade, não queria conversar sobre assunto nenhum e evitou quanto pôde os outros colegas. Deu graças a Deus por não ter nenhum paciente agendado para aquela tarde, e agradeceu por não haver surgido nenhuma urgência.

Na saída, encontrou Rose e Géli. Tentou não ser vista, mas seria quase impossível, principalmente se partisse do princípio de que ambas estavam, na verdade, procurando por ela.

— Maria, eu gostaria de lhe fazer um convite – Rose falou.

— Convite?

— Vim buscar minha prima para assistir a uma sessão espírita, e achei que talvez você quisesse ver como é. Que tal?

— Eu não sei... – Maria sorriu.

— Vamos... – Géli pediu.

Maria sentia vontade de ir, para tentar descobrir mais sobre as coisas que seu filho falava, mas ao mesmo tempo tinha receio de que as duas percebessem alguma coisa e indagassem sobre o ocorrido. Por mais que não quisesse admitir, sentia que Rose tinha um quê de "bruxa". No entanto, a vontade de descobrir qualquer coisa que a fizesse entender o filho era maior do que o medo.

— Está bem, vamos. Só me deixem avisar em casa.

— Claro! – Géli sorriu.

— Que tal irmos em um carro só? – Rose sugeriu.

— Que tal, Maria?

— Acho melhor não... Seguirei vocês. Não se preocupem. Não mudarei de ideia no meio do caminho.

Géli sorriu, aliviada.

Quando as três chegaram à casa onde aconteceria a sessão, Maria pareceu um pouco decepcionada. Observava o ambiente simples sem saber o que esperar. Imaginava algo diferente, talvez como as igrejas. Rose percebia que Maria observava tudo e achava bastante compreensível, mas Géli sentia-se um pouco incomodada com o jeito de a colega observar o ambiente, e não sabia explicar por quê.

A sessão começou com a oração de uma senhora que pedia a Deus por todos aqueles que ali se encontravam. Após terminar a prece, a senhora pediu que todos fechassem os olhos por um minuto e se concentrassem no que tinham ido buscar naquele lugar.

Todos obedeceram. Quando Géli abriu os olhos, observou que havia mais uma pessoa à mesa. Era uma mulher que aparentava sessenta anos e cujo sorriso transmitia uma serenidade quase palpável.

A mulher percebeu que Géli a observava e sorriu. A médica sentiu-se como uma criança que é flagrada fazendo algo errado e baixou os olhos.

Ao final da reunião, Rose foi conversar com algumas pessoas. Géli e Maria ficaram aguardando, apartadas.

Géli percebeu quando a mulher do sorriso se aproximou de Rose. Ambas se afastaram, para conversar a sós. Apesar de nenhuma das duas olhar para Géli, a médica sentiu que falavam a seu respeito. Dona Nina despediu-se de Rose e saiu da sala de reunião.

Géli esperou Rose, ansiosa, mas a prima não disse sobre o que conversara com Nina.

Rose sorriu para as duas médicas:

– E então, Maria? Gostou da reunião?

– Sim... foi tudo muito bonito, mas... – Maria sorriu, meio sem graça.

– Sim...? – Rose também sorria.

– Eu... imaginava outra coisa...

Géli sorriu.

– Entendo o que você quer dizer. Também pensei isso na primeira vez que vim aqui.

– É... – Maria parecia pouco à vontade. – A gente imagina espíritos aparecendo, pessoas conversando com os mortos, essas coisas.

– De fato, isso pode acontecer, minhas queridas, mas nem todos podem ver.

– Como assim? – Maria olhou com surpresa para Rose.

– Muita coisa acontece em uma casa espírita, mas é preciso ter sensibilidade para ver. Alguns têm mais, outros têm menos sensibilidade. Alguns ouvem, outros só sentem a presença dos espíritos. Isso varia muito.

– Perdoe minha ignorância. Realmente não entendo nada sobre isso. – Maria sorria timidamente. – É um mundo novo para mim.

– Em um centro espírita, Maria, acontece um grande trabalho de auxílio a nossos irmãos – Rose explicou. – Existem as palestras, como a que nós ouvimos, com o objetivo de nos orientar em nosso crescimento moral; existem os passes, a assistência espiritual que todos nós recebemos hoje, que são a transmissão da energia benéfica ao nosso corpo e ao nosso espírito. E ainda existe o trabalho social, em benefício da comunidade, independentemente de religião, no qual procuramos exercitar a fraternidade.

– Entendo. Sei que todos devemos praticar a caridade, procurar doar aos mais necessitados.

– Sim, Maria, mas me permita lembrar-lhe: a caridade não é só fazer doações, distribuir roupas e alimentos. Muitas vezes, fazemos mais por uma pessoa ao doar-lhe um pouquinho do nosso tempo e de nossa atenção, ao ouvi-la, ao dar-lhe um abraço ou um simples sorriso.

Maria nada falou. Ficou quieta, absorvendo as palavras de Rose.

– Sabe, fiquei muito feliz por você ter aceitado nosso convite – continuou Rose.

– Eu não sabia o que esperar, mas me senti curiosa para descobrir.

– As pessoas costumam buscar Deus por duas razões: ou pelo amor, ou pela dor. – Rose sorriu. – você é a primeira pessoa que vem por curiosidade.

Maria também sorriu. Não achou uma resposta adequada para dar. Sabia que não queria contar às duas sobre sua conversa com Pedro no carro, quando ele falou do acidente e de Géli. Sentia um medo muito grande de que Géli soubesse disso; sentia um medo irracional de Géli, como se a médica pudesse tirar-lhe o filho.

Rose a tirou daqueles pensamentos:

– Maria, gostaria de convidá-la para vir na próxima semana.

– Creio que poderei vir, sim.

– Que bom! – Rose sorriu. – Você não sabe como nos deixa feliz!

Géli também sorriu.

Em casa, Maria não teve coragem de contar ao marido onde estivera. Receava que ele não a entendesse e a condenasse. Não sabia ainda como falar sobre o que andava acontecendo com Pedro, mas na verdade nem ela sabia o que pensar daquilo. Às vezes queria crer que tudo não passava de imaginação da criança, mas Géli e Rose lhe diziam que aquilo ocorrera anos atrás, e que seu filho não era só seu.

Maria sentiu-se aliviada quando André apenas lhe deu um beijo de boa-noite e virou para o lado, dizendo que tivera um dia difícil e que estava com muito sono.

Capítulo 17
Revelações

No hospital, com o passar dos dias, Maria percebeu que Géli estava diferente, mais calma, até mais atenciosa com todos. Por mais que não quisesse admitir, sabia que aquela mudança de comportamento tinha a ver com os episódios com Pedro. Não sabia o que pensar, mas estava decidida a saber no que aquilo ia dar, para proteger seu filho.

Maria acordou sobressaltada, depois de um sonho estranho, mas não se lembrava direito dele. Apenas sentia que tinha a ver com seu filho e com Géli.

Os dias no hospital transcorriam sem novidades, a não ser por duas saídas de Maria para pegar Pedro às pressas na escola, por ele estar com muita febre.

Rose novamente a convidou para ir ao centro espírita, e Maria não conseguiu encontrar nenhuma boa desculpa para não ir. Na verdade, sentia que precisava ir. Intuía que aquilo tinha alguma ligação com seu filho e, não sabia por quê, queria descobrir do que se tratava.

No centro espírita, sentou-se ao lado de Géli e aguardou a reunião começar. Teve a impressão de que Géli estava preocupada, mas nada falou. Sabia que deviam ficar em silêncio.

O dirigente do centro fez uma prece:

— Jesus, nosso Mestre, auxiliai a todos que aqui se encontram, para que possam buscar o equilíbrio necessário e trilhar seus caminhos em busca da evolução moral. Que cada um possa sair daqui hoje com alento no coração e na mente, para pôr em prática os ensinamentos do querido Mestre... Que assim seja!

Ao final da reunião, dona Nina chamou Rose:

— Pois não, dona Nina!

— Rose, minha querida, eu gostaria de falar com suas duas amigas, se for possível.

— Claro!

Rose chamou Maria e Géli, que ficou alerta. Maria, sem saber por quê, sentiu-se tensa.

— Maria, Géli, esta é a dona Nina, uma das dirigentes e fundadora do centro.

— Como vai a senhora? — Maria estendeu a mão, que dona Nina tomou entre as suas.

— Muito bem, minha querida... — A mulher sorria.

— Olá... — Géli tentou sorrir.

Dona Nina sorriu de volta:

– Olá, minha querida...

Rose explicou:

– Dona Nina é uma grande estudiosa da Doutrina Espírita. Ela me pediu que as chamasse porque gostaria de falar com vocês duas...

– Por quê? – Maria perguntou.

– Deixe, Rose – dona Nina interveio. – Eu explico. Se vocês me derem algum minuto de atenção, podemos ir até uma sala reservada.

Géli olhava de uma para outra, de Nina para Maria, e de Maria para Nina, como se não fizesse parte daquela cena, e só estivesse esperando o fim do diálogo para saber que rumo tomar, se o da rua ou o da sala reservada.

– Por favor, Maria – Rose pediu.

Só então Maria percebeu que Géli estava muito quieta, como a esperar sua reação. A princípio, pensou em negar-se a acompanhar dona Nina, mas resolveu que seria melhor ouvir o que ela teria a dizer. Só assim poderia, talvez, entender o que acontecia ali.

– Está bem.

Géli soltou o ar que parecia preso em seu peito.

A sala para onde as quatro mulheres foram tinha poucos móveis: uma mesa, algumas prateleiras com muitos livros e poltronas gastas.

– Vamos nos sentar? – Nina convidou.

Rose acomodou-se perto da mulher. Géli ficou próxima a Rose, e Maria ficou mais afastada das três, como se temesse o contato, e pudesse, de repente, ao menor sinal de perigo, sair correndo porta afora.

Nina percebia que Géli estava mais tranquila, apesar de um pouco ansiosa. Já Maria estava bem tensa.

– Sei que algumas coisas que falarei aqui não terão total entendimento de vocês, mas lhes peço que tenham paciência para ouvir.

Maria remexeu-se na cadeira, inquieta.

– Nós, espíritas, acreditamos que Deus, perfeito como é, nos dá sempre outra oportunidade de aprender e reparar nossos erros. Por isso, há vida após a morte do corpo... para que possamos ver onde erramos e consertar.

"O passar dos anos e pesquisas idôneas de pessoas confiáveis têm nos mostrado que não estamos errados. É um grande alento, para alguém que perdeu um ente querido, saber que, um dia, haverá um reencontro, em outro plano. Chamei vocês aqui porque percebi que as duas passam por situações que ainda não compreendem bem. Mas ambas contam com alguém que pode ajudar, esclarecer suas dúvidas. Esse alguém é Rose."

Géli olhou para Rose, que lhe sorriu. Maria continuava quieta, pronta para sair correndo ao menor sinal de perigo.

Nina continuou:

– Sei, e não me perguntem como sei, que uma de vocês perdeu um filho. E sei, também, que esse menino está novamente entre nós, como filho da outra.

Maria fez menção de levantar-se, mas o olhar de Nina pareceu paralisá-la.

– Chegará o dia em que vocês vão precisar muito uma da outra, e o menino, das duas. Para isso, precisarão entender melhor o que se passa com vocês.

Géli engoliu em seco e procurou olhar disfarçadamente para Maria, querendo perceber sua reação. Maria nada demonstrava.

– Essa história, minhas filhas, vem de um tempo muito antigo, quando as pessoas eram egoístas. Essa criança também precisa resgatar erros do passado.

– Erros? – Maria mudou, ficou vermelha – Como assim? O que a senhora quer dizer com isso? Meu filho é só uma criança! Não cometeu erro nenhum!

Rose levantou-se e passou o braço em volta dos ombros de Maria, que se desvencilhou. Rose pediu:

– Procure acalmar-se e ouvir, por favor. Isso pode ajudar.

– Não entendo nada do que vocês estão falando. Desculpem, eu... não me sinto muito bem.

Maria retirou-se da sala e saiu quase correndo do centro espírita. Na rua, chamou um táxi e foi para o hospital, pegar seu carro para ir pra casa.

Géli continuava sentada, como uma criança obediente esperando que a mãe lhe dirigisse a palavra. Dona Nina lhe sorriu:

– Minha querida, tenha paciência, fé no Pai Celestial e muito amor no coração.

Géli ouvia tudo calada, como se não existisse nada à sua volta, apenas aquela mulher que tocava fundo seu coração com aquelas palavras. A médica nem sequer percebia as lágrimas que rolavam em suas faces.

Maria pegou o carro no hospital e dirigiu até sua casa como se estivesse em transe. As palavras de dona Nina, como letreiros luminosos à sua frente, acompanhavam-na pela estrada. Como podiam falar tamanho absurdo? Não era possível! Seu filho, tão pequeno e inocente, ter vivido em outro tempo... Não! Nada daquilo era verdade! Aquelas pessoas, Rose, Géli e Nina, faziam parte de um complô para enlouquecê-la.

Não pôde deixar de rir do pensamento, mais absurdo ainda. Como podia pensar tanta coisa ao mesmo tempo? Sabia que havia algo com Pedro que não conseguia entender. O menino não tivera acesso às informações sobre o filho de Géli, tinha certeza. Por mais que não quisesse admitir, não havia como fugir à verdade. Precisava entender tudo aquilo.

Precisava, mas não sabia como. Tinha medo do que pudesse acontecer com seu filho por causa dessas lembranças. Não fazia a menor ideia do que era reencarnação, outra vida. Não aprendera nada disso nas aulas de catecismo. Como poderia mudar todos os seus conceitos assim, de repente? Não dava. Precisava de tempo. E precisava também saber se aquelas pessoas eram confiáveis.

Procurou desligar-se desses pensamentos, pois estava chegando em casa e não queria que o marido e o filho percebessem que algo a perturbava.

Quando entrou, Pedro jogou-se em seus braços, feliz. Ela o beijou e viu o marido lendo o jornal, tranquilamente. Sentiu-se feliz por ver que a harmonia reinava em sua casa, e não seria ela que mudaria isso com suas maluquices.

Na manhã seguinte, Pedro acordou indisposto e pediu para não ir à escola. Maria não queria desmarcar os pacientes do hospital e André preferiu ficar com o filho no período da manhã, até ele melhorar. Na hora do almoço o menino teve febre, mas o pai medicou-o sem contar nada a Maria, para não deixá-la preocupada. Quando a médica chegou para o almoço, a febre já cedera.

A mulher brincava com o menino, em um jardim muito bonito, próximo à casa do senhor de todas aquelas terras. A mulher era a mãe do menino, e sentia-se muito feliz por estar com ele, mas também vivia sobressaltada, com medo de que a verdadeira mãe aparecesse e tomasse a criança dela. Seu marido dizia que isso nunca aconteceria, pois mandara a mãe da criança para muito longe, e ela não ousaria enfrentar um homem tão poderoso como ele.

O menino brincava feliz com um cavalinho feito de madeira, enquanto a mãe se derretia em sorrisos e afagos. Ele tinha quatro anos e só conhecia como mãe aquela mulher.

De repente, ela percebe que alguém os observa, entre os arbustos; grita por um dos servos, que vem correndo, e lhe ordena que descubra quem é e capture a pessoa; depois põe o filho no colo e sai correndo em direção ao castelo. Minutos depois, o servo volta e avisa à mulher que não encontrou ninguém. A mulher, furiosa com a resposta, joga uma estatueta no pobre rapaz, que tem a testa aberta com o golpe recebido. O servo retira-se sem nada dizer.

Maria acordou assustada com esse sonho. Sentia que era aquela mulher, mas não entendia como. Também não sabia explicar por que, toda vez que tinha aquele sonho, achava que estava relacionado a Géli. Sentia-se ameaçada pela médica, mas não conseguia entender esse medo irracional.

Capítulo 18
Exame médico

Pedro acordou indisposto outra vez e pediu para não ir à escola. Maria achou melhor não levá-lo, principalmente porque ele não quis comer nada. André saiu bem cedo. Maria não gostaria de deixar o filho só com a babá, mas não podia faltar ao trabalho porque havia uma reunião importante com a diretora técnica, Viviane, que pedira para que ninguém faltasse.

Após dar todas as instruções possíveis à babá, e deixar os número dos telefones dos locais em que poderia ser encontrada, Maria foi para o hospital.

As reuniões com Viviane eram sempre descontraídas. Apesar disso, Maria não parecia tranquila, e isso foi notado por todos na reunião.

— Algum problema, minha querida? — Viviane resolveu perguntar, depois de perceber que Maria não conseguia responder à pergunta sobre os novos medicamentos quimio-terápicos adquiridos.

— Desculpe, Viviane, eu estava meio distraída.

— Isso eu percebi! — Viviane sorria, tentando relaxá-la.

Maria também sorriu, apesar de perceber que Géli parecia muito atenta a cada movimento seu. Por que agia assim? Parecia que esperava alguma coisa dela, talvez um vacilo. Que absurdo! Maria sentia que Géli sabia que não estava bem por causa de Pedro, e não gostaria que ela tivesse essa certeza. Por mais absurdo que pudesse parecer, sentia de novo que Géli poderia lhe tirar o filho.

Maria tinha noção do pensamento absurdo que a invadia, mas, por pior que fosse, não conseguia deixar de pensar nisso.

— Viviane, me desculpe, mas tive um pequeno aborreci-mento hoje com meu marido, e acho que é isso que me tirou a concentração.

— Tudo bem, querida, acontece... — Viviane sorriu.

A reunião continuou sem que Maria percebesse muito o que se dizia, mas não lhe passou despercebido o interesse de Géli.

Ao final da reunião, Géli a interpelou:

— Maria?

— Sim?

— Está acontecendo alguma coisa com Pedro?

— Não. Por quê? — Maria não encarou Géli.

— Sei que não tenho esse direito, mas... — Géli não sabia como dizer.

– Não precisa se desculpar.

Maria sentiu um misto de afeição e medo da outra mulher. Não conseguia explicar direito o que se passava em sua cabeça ou em seu coração, mas não podia se sentir de outra maneira, pois qualquer mãe teria esses cuidados em relação ao filho. Por mais que rejeitasse a ideia, sentia que Géli era uma ameaça, e isso não saberia explicar para ninguém. Ainda mais depois daquela reunião com Rose e aquela mulher estranha no centro espírita...

Quando Maria chegou em casa, Pedro ainda estava meio indisposto, mas já tinha aceitado se alimentar. Ela ficou mais aliviada. O filho brincava com os dinossauros, seus brinquedos favoritos. Divertia-se ao encenar uma luta entre os animais, imitando o rugido das feras. Maria observava tudo, enternecida, sorrindo aliviada ao ver o filho bem.

O dia transcorreu com tranquilidade. Pedro alimentou-se e, quando a noite chegou, pediu cama. Maria não estranhou, porque ele brincara muito o dia todo. Estava feliz por ver o filho tranquilo.

Aquela mulher muito bonita aparentava ser bem rica. Vestia roupas de excelente qualidade, suas joias eram famosas. Tudo nela significava poder. E ela sabia disso. Era casada com um homem poderoso, que lhe dava tudo que queria, pois a amava muito. Ela também o amava muito, e eram felizes até ela perder o filho que esperava e descobrir que não poderia ter outros. Agora já não se sentia feliz; sentia-se seca, inútil. E seu marido, que lhe dava tudo, não podia fazer que tivesse um filho. Ele também queria muito um herdeiro, porque era um homem de muitas posses e queria deixá-las a seus descendentes. Então, um dia, reparou na filha de um dos empregados e viu que era uma moça forte. Pensou em engravidá-la. Não sabia como faria para contar à sua mulher, mas já decidira. Teria um filho com aquela moça. Passou a cortejá-la, e ela, ingenuamente, aceitou os galanteios do patrão. Logo estavam se encontrando furtivamente, e a moça descobriu que estava grávida. O patrão chamou seus pais e contou-lhes a verdade. Propôs que a levassem para bem longe, que ela tivesse o filho e lhe entregasse, para que ele o adotasse, com a esposa. Em troca, lhes daria uma pequena fortuna. Os pais da moça, ambiciosos, aceitaram. Ela, porém, não queria aceitar, e só depois de muita ameaça foi embora com os pais até o bebê nascer. Quando a criança nasceu, o homem rico a levou para casa, e disse à esposa que encontrara a criança no caminho, sob uma árvore. A mulher ficou encantada e o marido disse que ficariam com o menino.

Pedro acordou no meio da madrugada, gritando pela mãe. Maria, sobressaltada, ainda lembrando do sonho estranho, correu para o quarto do filho e o encontrou queimando em febre. Correu com ele para o banheiro e o colocou debaixo do chuveiro. André entrou e assustou-se com a cena.

– O que houve?!

– Ele está com muita febre. Pegue o remédio e água, por favor.

André saiu correndo e voltou em menos de um minuto. Maria já estava com o filho na cama, enxugando-o. Pedro tremia e parecia delirar. Maria não conseguia entender o que o menino falava. Depois que Pedro tomou o remédio, pareceu mais calmo. Maria deitou de um lado do filho e André deitou do outro. Ninaram-no até que adormecesse. Depois que ele dormiu, André perguntou:

– O que está acontecendo com Pedro, meu amor? Essas febres...

– É muito estranho tanta febre em tão pouco tempo. Amanhã vou levá-lo ao hospital e farei alguns exames.

– Vou com vocês – André falou, passando a mão pela cabecinha do filho.

– Melhor não... Ele pode ficar agitado conosco por perto. – Maria procurou sorrir para demonstrar tranquilidade.

– É, você tem razão. Mas, se for preciso, você me liga?

– Claro! Agora vamos dormir que o dia será longo.

Maria chegou uma hora mais cedo ao hospital, aproveitando que Pedro estava quieto. Além disso, não queria encontrar Géli. Colheu sangue para o exame do filho e deixou um recado para Viviane de que não estava se sentindo bem. Foi para casa, passar o dia com o filho.

No final da manhã, Viviane ligou para Maria, a fim de saber se estava tudo bem. Ela contou a verdade e aproveitou para pedir a Viviane que solicitasse rapidez no resultado dos exames.

– Não se preocupe. Amanhã de manhã o resultado estará pronto.

– Obrigada. – Maria hesitou. – Gostaria de lhe pedir mais uma coisa.

– Pode falar.

– Gostaria de lhe pedir para não contar a ninguém que levei meu filho para fazer exames.

– Tudo bem, não se preocupe. Descanse e amanhã vamos ver os resultados. Está bem assim?

– Obrigada! – Maria respirou aliviada.

Não queria falar para Viviane sobre as conversas estranhas com Géli. Tampouco queria que a chefe soubesse que Pedro estava doente, pois ela faria perguntas, demonstraria uma preocupação que não saberia explicar.

Não queria que Géli tivesse contato com seu filho nessa situação. Não sabia o que temia, mas sentia, como sempre, que Géli podia tomar-lhe o filho. Era uma sensação muito estranha, que ela não sabia de onde vinha.

Lembrou-se do sonho que mostrava uma outra época, da mulher que ficava com o filho da outra. Por que tivera aquele sonho? Não sabia responder.

Quando André chegou para almoçar, Maria tentava alimentar um Pedro muito quietinho, parecendo até pensativo.

– Oi, filhão! Que cara é essa?

– Ah, pai, eu não estou com fome... – Pedro correu para abraçar o pai.

– Meu filho, você precisa comer um pouco para não ficar doente. Ontem você não estava legal. Então coma um pouquinho, está bem? – André beijou o filho.

– Certo. – Pedro abriu bem a boca e fechou os olhos.

Maria colocou a colher na boca do filho, e sorriu agradecida para o marido.

– E então? Como foi lá? – André perguntou.

– Colhemos sangue. Amanhã sai o resultado.

– O que você acha?

– Não sei. Pode ser só uma virose. A garganta não tem nada.

– Você falou com a pediatra dele?

– Não. Vou esperar primeiro o resultado.

– Está certo. – André sorriu. – Afinal, você é a médica.

Capítulo 19
Preocupações

Maria chegou cedo ao hospital e foi direto para o laboratório. Mas Viviane já tinha recebido o resultado e a esperava em sua sala.

— Bom dia, Viviane. Obrigada por sua atenção.

— Bom dia, Maria.

Maria achou Viviane preocupada.

— Aconteceu alguma coisa?

— Tomei a liberdade de ver o exame...

Maria ficou tensa:

— O que houve?

— Os resultados estão um pouco alterados.

Maria praticamente arrancou o papel das mãos da médica.

— Viviane! — Maria estava com a respiração ofegante. — Acho que houve algum erro.

– Claro! – Viviane concordou, pois não achou nada mais para falar.

Maria olhava o papel, revirava, lia de novo.

– Vamos repetir esse exame. Onde está seu filho?

– Em casa.

– Vá buscá-lo. Se quiser, posso ir com você.

– Está bem. Vou ligar para casa e pedir que a babá o arrume. Volto já.

Viviane dirigiu em silêncio até a casa de Maria. Percebeu que a médica estava muito tensa e pensativa; não queria se intrometer além do que Maria permitia.

No hospital, Maria colheu pessoalmente o sangue do filho, que estava bem tranquilo. Levou o material para o laboratório e Viviane pediu urgência no resultado.

Quando estava no elevador, Pedro perguntou:

– Mamãe, cadê a Gegê?

Maria não esperava por uma pergunta dessas, e ficou mais tensa do que imaginava poder ficar.

– Não sei, meu filho. Mas daqui a pouco vamos para casa, certo?

– Mamãe? Por que a senhora não gosta dela?

A pergunta a surpreendeu.

– Não gosto de quem, meu amor?

– Da Gegê.

– Não é nada disso, meu bem. – Maria procurava sorrir. – Nós trabalhamos juntas. Pessoas que trabalham assim são amigas.

A porta do elevador abriu no andar térreo e Maria ficou paralisada ao ver Géli. Ficou ainda mais tensa ao notar a reação do filho.

– Gegê! – Pedro jogou-se nos braços da médica.

Géli o abraçou, sorrindo. Maria não sabia o que fazer, como reagir. Desejava levar o filho para casa, tirá-lo de perto da outra mulher, mas também queria ficar esperando o resultado do exame. Decidiu apenas segurar a mãozinha do filho, enquanto ele conversava com a médica.

– Gegê, eu tirei sangue. E nem chorei! – Pedro sorria.

– Que bom! – Géli procurou sorrir, mas olhou preocupada para Maria. – O que houve?

Pedro adiantou-se à mãe e respondeu:

– Eu estava com febre. E não queria comer.

– Não foi nada. Só rotina. – Maria procurava se afastar com o filho.

– Por favor, não vá! – Géli pediu.

– É, mamãe. Vamos ficar mais um pouquinho com a Gegê.

– Não podemos, meu amor. Precisamos ir, senão o papai vai ficar preocupado.

– Está bem... – Pedro ficou triste – Tchau, Gegê.

– Tchau, querido.

Maria foi se afastando com Pedro, mas ele rapidamente soltou-se da mão dela e correu para dar um último abraço em Géli. Maria ficou sem graça ao ver a cena e procurou sair o mais rápido possível.

Em casa, não conseguia impedir que pensamentos desagradáveis a assaltassem. Por mais que tentasse esquecer, eles voltavam.

Pela primeira vez, analisou os episódios de febre do filho. Lembrou como ele ficava indisposto repentinamente, como não queria comer, às vezes. Lembrou quando ele se queixava de dor nas pernas, e ela dizia que era dor de crescimento. Tudo agora parecia tão lógico...

Não! Não podia pensar assim! Não queria pensar nisso!

André ligou, dizendo que não ia almoçar em casa. Maria não estava bem e ele percebeu.

– O que houve, querida? O que você tem? Como está o nosso filho?

– Ele... está brincando, André.

– Você está se sentindo bem?

Maria não respondeu. Nesse momento André se lembrou do exame.

– O resultado saiu?

Maria respirou fundo. O marido ficou esperando a resposta.

– Sim, e com algumas alterações. Uma anemia...

– Ufa! Então não é nada sério, não?

Maria não sabia o que dizer. Como falar para o marido, ainda mais por telefone, de suas suspeitas? Como falar das outras alterações que viu no exame? Que não se tratava de uma simples anemia, que as células de defesa estavam em número muito maior do que o normal? Que as plaquetas estavam muito baixas?

– Meu amor, preferi repetir o exame.

– Certo, querida! Você é quem manda! – André sorria do outro lado da linha.

– Quando você chegar, mostro os resultados, certo?

– Está bem, querida. Vejo vocês à noite. Beijo nos dois.

– Até mais, meu amor.

André desligou o telefone e Maria ficou com o aparelho na mão por alguns minutos, sem reação. Não sabia o que fazer. Gostaria de falar com o marido, contar todos os seus temores, mas não por telefone, não quando ele estava com problemas no trabalho, precisando de concentração para resolvê-los. Tentaria esperar o novo resultado do exame, e até a noite tentaria se acalmar.

Pedro não quis comer. Ela não conseguia fazer que ele aceitasse a comida, até porque também não queria comer nada. Parecia ter uma bola de tênis na garganta. Mesmo assim, se esforçou para que o filho se alimentasse.

Logo após o almoço, Pedro disse que estava cansado e queria dormir. Maria pediu à babá que o levasse para o quarto. Assim que a moça fechou a porta, o telefone tocou. Era Viviane.

– Maria, estou com o resultado nas mãos...

Maria engoliu em seco. Pareceu-lhe que a bola de tênis acabara de passar por sua garganta.

– Os resultados são os mesmos. Acho melhor você vir para cá, a fim de analisarmos melhor a situação.

– Estou indo, Viviane. Obrigada.

Maria achou melhor não dirigir. Chamou um táxi, deu o nome do hospital ao motorista e afundou no banco traseiro do carro. Ficou rememorando as últimas palavras de Viviane: "analisar melhor a situação". Deu um sorriso triste. Era assim que a médica falava quando um novo paciente recebia o diagnóstico. Viviane não tinha dúvida da situação, mas Maria queria ter todas as dúvidas, queria esgotar todas as hipóteses antes de pensar no que poderia acontecer.

Quando entrou na sala de Viviane, a diretora procurou sorrir, mas o sorriso não saiu. Maria percebeu isso.

– Sente-se, querida.

– Não, obrigada. Onde está o resultado?

Viviane entregou os papéis para Maria, que correu os olhos pelos números impressos no exame.

Maria sentou-se. O papel caiu de sua mão, Viviane correu para apanhá-lo.

– Você precisa ter calma. Sabe muito bem que esses exames não são conclusivos. E sabe o que precisamos fazer.

– Mielograma.

– Pois é, minha querida. Precisa ser feito.

– Ainda não contei a meu marido. E preciso fazer isso!

– Então acho melhor você lhe pedir para vir até aqui. Assim conversaremos com ele, nós duas.

– Eu não sei o que fazer.

– Entendo, querida. Talvez você queira conversar com ele em casa. Estarei aqui o dia todo. Quando precisar, ligue.

– Obrigada, Viviane.

– Sei que você não tem como trabalhar desse jeito. Vá pra casa. Vou falar com a Rita para distribuir seus pacientes entre os médicos residentes.

– Obrigada mais uma vez.

– Não precisa agradecer. – Viviane sorriu.

Maria despediu-se e caminhou até o estacionamento. Não sabia para onde ir. Não queria ir para casa, sem que André estivesse lá. Queria sentir-se segura nos braços do marido, mas sabia que ele só chegaria no fim da tarde. Não podia ficar em casa, olhando para as paredes, até ele chegar. Decidiu ir até o escritório do marido.

– Maria! – alguém a chamou.

Ela não reconheceu a voz, mas, quando se virou em direção do som, viu Rose.

– Rose!

– Olá! Que bom ver você!

Maria não conseguiu falar. As lágrimas brotavam de seus olhos.

– Eu... me perdoe...

Rose segurou Maria pelos braços, pois chegou a pensar que ela desabaria ali mesmo.

– Minha querida, que houve? Você está pálida... Sente-se bem?

– Não. Quer dizer, Pedro...

– Pedro está doente? Mas o que ele tem?

– Eu não sei... – Maria já estava se recompondo, enxugando as lágrimas.

– Você quer conversar lá dentro? Vim buscar Géli para uma reunião. Mas, se quiser, podemos conversar. Ainda é cedo.

– Obrigada, mas não quero incomodar.

– Você não incomoda. Vamos entrar.

Rose levou Maria para a sala de Géli. Não sabia o que estava acontecendo, mas, pelo jeito, podia ser algo sério.

– Tome um pouco de água, querida. Quer conversar?

– Não sei. Acho que estou um pouco cansada. – Maria tentava sorrir – Desculpe se a deixei preocupada.

Rose sorriu.

– Não fique assim. Acho que já deu para perceber que estou sempre me preocupando com alguém, não?

Maria terminou de beber a água e colocou o copo sobre a mesa. Não sabia o que dizer. Tinha medo de que Géli soubesse da situação e, não sabia por quê, sentia muito medo disso. Ficou olhando para as próprias mãos.

– Maria, se você quiser conversar, ainda temos tempo.

Maria não queria conversar justamente por causa de Géli. Gostava de Rose mas temia a outra, como se ela fosse capaz de roubar-lhe o filho.

– Não, Rose. Eu realmente preciso ir. Até mais.

– Até, querida.

Rose ficou olhando Maria afastar-se pelo corredor. Sentia que ela não estava bem. O que teria acontecido com Pedro? Seria algo sério ou a médica apenas estaria estressada? Talvez algum problema com o marido. Ficou pensativa. E foi assim que Géli a encontrou alguns minutos depois.

– Já está aí? Chegou bem cedo. Algum problema? – Géli percebeu que Rose estava quieta.

– Não sei, prima. Talvez você possa me dizer.

– Eu? – Géli sorriu. – Como assim?

– Quando cheguei, encontrei Maria saindo. Parecia estranha e até chorou. Perguntei se Pedro estava bem e ela disse que o menino andava um pouco doente. Consegui trazê-la até aqui, mas não a convenci a contar do que se tratava.

Géli lembrou do encontro com Pedro, o menino falando que tirara sangue e nem chorara. Sorriu, recordando o abraço gostoso que ele lhe dera.

– Géli... – Rose tentava chamar a prima, que parecia distante.

– Pedro esteve aqui. Encontrei-os por acaso no elevador. Ele mesmo me disse que tinha vindo tirar sangue, mas Maria afirmou que era só rotina.

– O que você acha?

– Não sei. Mas tenho como descobrir.

Capítulo 20
Recusa

O laboratório ficava no quinto andar do hospital. Géli entrou na sala da secretária.

– Oi, Telma. Eu gostaria de ver o resultado de um exame, por favor.

– Pois não, doutora. A senhora tem o nome completo ou o numero da entrada?

– Não, mas eu gostaria de procurar pessoalmente.

– Claro, doutora. – Telma não desejava contrariá-la e foi logo saindo da cadeira, deixado o caminho livre.

Géli sentou-se frente ao monitor.

– Só vou demorar uns cinco minutos, Telma. Se você quiser, pode ir tomar um cafezinho.

– Certo, doutora. Obrigada. – Telma saiu de fininho.

Rose se aproximou da prima.

– E agora, Géli?

– Vou procurar. Não demora nada.

– Você sabe o nome todo dele?

– Não, mas não vai ser difícil localizar o exame.

No dia anterior, seis pacientes de nome Pedro haviam feito exames de sangue. Géli tentou com o nome da mãe, Maria, e descobriu que dois tinham mãe com esse nome. Quando abriu os exames, na tela, meneou a cabeça.

– Que foi?

– Todos esses exames estão com alterações muito significativas, próprias dos pacientes daqui.

– Vai ver o de Pedro ainda não ficou pronto...

– Não creio. Espere. Vou ligar para o departamento de pessoal e pedir o nome completo da Maria.

Em um minuto Géli tinha a informação. Voltou para o computador.

– Achei! Vou imprimir.

Ao ler o resultado do exame, ela empalideceu. Rose percebeu a mudança no rosto da prima.

– Que foi agora?

– O exame... Há algo errado.

– Como assim?

– Não pode estar certo. Esse exame deve ter sido trocado! É isso!

Géli ganhou o corredor e foi procurar o bioquímico. Quando chegou à sala do doutor Álvaro, ele já estava de saída.

– Oi, Géli, tudo bem?

Ela nem respondeu. Foi logo mostrando o resultado.

– Este exame é do filho de uma conhecida e parece alterado. Acho que houve algum engano.

Álvaro pegou o papel e leu. Meneou a cabeça:

– Sinto muito, Géli. Eu mesmo o repeti, com um pedido expresso da Viviane. Se você quiser, pode ver as lâminas e... Géli! Você está bem?

Ela sentiu as pernas fraquejarem, a vista escureceu, parecia que o chão tinha desaparecido. Rose correu para amparar a prima.

– Que foi? – Rose estava preocupada.

Álvaro também parecia preocupado. Sentou Géli em uma poltrona e foi pegar um copo com água.

– Rose, preciso falar com a Maria...

Álvaro voltou com a água:

– Tome, vai lhe fazer bem.

Ela tomou a água devagar, tentando se acalmar. Não queria que Álvaro soubesse de quem se tratava. Temia que outras pessoas no hospital soubessem, e acreditava que isso não era, nem de longe, o que Maria gostaria que acontecesse.

– Obrigada, Álvaro. Já estou bem. Levei um susto, só isso. Obrigada.

– Entendo. Principalmente porque se trata de uma pessoa amiga. Mas fique tranquila, pois ainda será preciso outro exame, para confirmar. Você sabe disso.

– Sei. – Géli sorriu tristemente.

– Posso dar uma sugestão? Não fale nada agora. Faça o mielograma. E depois, se realmente for necessário, é melhor que outra pessoa dê a notícia. Quem sabe a Maria... Ela tem tanto jeito com esses pais...

Géli pensou que não conseguiria conter um grito quando ele se referiu a Maria. Como ela daria a si mesma a notícia de que seu filho estava com leucemia?

No carro de Rose, saindo do hospital, Géli não sabia o que pensar, ou o que fazer. Rose observava a prima e esperava pacientemente que ela quisesse falar alguma coisa.

– Pare o carro.

Rose procurou o acostamento e parou. Viu a prima sair às pressas. Ia vomitar.

Géli sentiu a golfada que vinha do estômago. Pensou que fosse se afogar, mas não por causa do líquido, e sim pela dor que sentia. Uma dor que a espreitava todos aqueles anos, desde que o caminhão lhe tirou o único bem valioso. Depois de tantos anos, pudera sorrir de novo, por alguém que era importante. Era como se apaixonar novamente, depois de não acreditar mais no amor. Era como sair de uma cama, onde vivera doente por anos, e olhar o sol pela janela. Era como querer lutar pela vida depois de se entregar à morte. Ela se sentira assim depois de conhecer Pedro. E agora ele podia sair de sua vida de novo...

Não! Não deixaria isso acontecer!

Rose a observou voltar lentamente para o carro. Sabia que devia esperar que ela falasse, sem forçar. Não entendera direito a conversa com o bioquímico, mas podia sentir que algo grave acontecia com Pedro.

Géli entrou no carro, abatida. Rose esfregou a mão sobre a da prima, como a querer lhe transmitir força. Géli tentou sorrir, mas não conseguiu.

— Pode me explicar o que houve?

— Rose, não acredito que aquele exame esteja certo. Ele tem muitas alterações...

— E o que diz esse exame?

— Diz que meu filho pode estar com leucemia.

Rose ouviu atentamente, mas apenas três palavras ficaram gravadas em sua mente. Géli falara "meu filho" e "leucemia".

Ela sabia bem o que era leucemia. Também chamavam de câncer do sangue. Já ouvira muitas vezes Géli comentar sobre crianças que apresentavam a doença, de uma hora para outra. Mas também se lembrava de ouvir a prima falar da grande quantidade de crianças que ficavam curadas. Nas crianças, a chance de cura era maior. E Rose sentia que Pedro ficaria curado.

O que a preocupou foi ouvir Géli ter chamado Pedro de filho. Talvez ela não tivesse percebido, mas aquilo não podia acontecer de novo. Chocaria as pessoas, que pensariam que Géli podia estar enlouquecendo. Rose sorriu com essa ideia, pois sabia perfeitamente que a prima era muito lúcida, apesar de todas as pressões que sofria. E era essa lucidez que a mantinha. Nada mais.

— Não pode ser outra coisa?

— Eu gostaria que fosse, mas esses exames são bem precisos.

– E agora? É fácil tratar, não é?

– Rose... Quero ir lá...

– Lá? – Rose tinha medo de perguntar onde.

– Quero ir à casa de Maria.

– Vamos ponderar, sim? Maria ficou sabendo disso hoje. Deve estar contando ao marido. Chegar lá assim, de repente, não será bom para ninguém.

– Tem razão. Mas preciso fazer alguma coisa. Não posso ficar assim. É uma tortura! Um suplício!

– Eu sei, minha prima, mas procure entender. Vamos para casa tentar dormir, e amanhã você procura Maria no hospital. É melhor vocês conversarem lá e decidirem o que fazer, não acha?

– Maria precisa de mim. Pedro também.

– Oh, minha querida...

– Ela pensa que Pedro vai morrer, mas ele vai viver. Não permitirei que nenhum mal lhe aconteça.

Nesse momento, Géli chorou. Todas as suas dores vieram à tona. Toda a mágoa de perder seu único filho daquela maneira tão estúpida transbordou. Era uma dor impossível de explicar. Rose apenas abraçou a prima e ficou esperando que ela sentisse tudo que precisava sentir, para se acalmar. Géli continuava chorando, e os soluços sacudiam seu corpo.

Capítulo 21
Sofrimento

Quando Maria chegou em casa, André tinha acabado de ligar, a babá informou. Pedro estava no quarto, assistindo a um desenho. Parecia bem. Beijou a mãe e continuou vendo desenho.

Maria foi para seu quarto. Lia o papel que tinha nas mãos. Já o lera muitas vezes, como se aqueles números pudessem mudar, como se não fosse verdade, apenas um sonho. Não sabia como contar a André, mas não tinha mais tempo para pensar nisso. O marido acabara de chegar, e a chamava pela casa.

– André...

Maria não conseguiu dizer mais nada. As lágrimas a impediam. Ele abraçou a esposa, sem entender por que ela estava assim.

– O que houve? Por que você está chorando desse jeito?

– André, o Pedro...

– O que tem o nosso filho? Ele está lá no quarto... por que você...

Maria mostrava o resultado do exame para o marido. Ele olhou para o papel, e depois para a médica:

– Querida, você sabe que não entendo nada disso. Por favor...

Maria tentava se acalmar para explicar ao marido o que estava acontecendo. Respirou fundo, enxugou as lágrimas, retomou o papel.

– O exame do Pedro tem muitas alterações...

– Como assim? Alterações?

– Pois é... ele... eu...

– Fale! O que foi?

– Nós... suspeitamos de leucemia.

– O quê?

André não acreditou no que acabara de ouvir. Maria olhou, assustada, para o marido. Teve medo de que ele apresentasse uma reação irracional, culpando-a por aquilo.

– Ontem o exame deu esse resultado absurdo, e hoje eu o repeti. Os resultados foram os mesmos. Meu amor, vamos procurar ter calma, sim?

André a fitou. Não conseguia entender o que ela falava. Só aquela palavra martelava na sua cabeça: leucemia.

– Há alguma possibilidade de o exame estar incorreto?

– Não, meu amor.

– E agora? O que vamos fazer?

Maria via que o marido procurava manter-se equilibrado. Ele sentou-se ao lado dela e segurou-lhe a mão.

– Precisamos realizar novos exames.

– Iguais aos que ele já fez?

– Não, meu amor. Trata-se de um exame mais específico, para a gente ter certeza.

– Certeza...

– É, querido.

– Ele... o Pedro... nosso filho vai sofrer?

– Não, meu amor, ele não vai sofrer. – Maria tentou sorrir. – É um menino muito corajoso. Vamos passar por isso juntos e superar tudo, meu amor.

André quis que o filho dormisse na cama do casal, entre os dois. O menino adormeceu logo. Eles ficaram olhando o filho a noite toda.

Apesar de não terem dormido quase nada, André e Maria estavam bem acordados quando Pedro despertou. Tomaram café juntos. André resolveu ficar em casa com o filho, enquanto Maria ia para o hospital, tomar as providências necessárias para o novo exame.

Maria sabia o que fazer.

Capítulo 22
União

Apesar de não ter conseguido dormir, pois não aceitara o remédio que Rose quisera lhe dar, Géli já estava bem acordada pela manhã, no hospital. Encontrava-se em sua sala, esperando Maria chegar ao hospital para ir até ela, mas não foi preciso. Maria foi até Géli. Acreditava que a outra já sabia. E não se enganou.

As duas se entreolharam, sem dizer nada. Géli não sabia o que falar. E nesse momento lembrou-se das palavras da mulher: "Vocês vão precisar muito uma da outra, e o menino, das duas".

Remoeu essa frase. Acordou pensando nela e na mulher que lhe contara que seu filho reencarnara. Ficou imaginando como ela saberia de tanta coisa. Rose lhe falara que Nina era sensitiva, ou médium, como era mais comum dizer.

Agora as duas estavam ali, na sala de Géli, entreolhando-se como duas adversárias. Mas, na verdade, não era mais o antagonismo, a antipatia que as levava ao confronto. Agora elas precisavam, realmente, se unir. A sensitiva tinha razão. Elas não sabiam como, mas tinham certeza de que Nina estava com a razão. Agora, a única coisa que importava era cuidar de Pedro. Ambas precisavam fazer o impossível para o bem do menino.

– Acho que você já sabe por que estou aqui, Géli.

– Eu soube que você estava muito transtornada ontem, e procurei descobrir por quê.

– Eu já esperava por isso. Não estou surpresa.

– Sinto muito. Por tudo.

Maria afundou no sofá, a cabeça entre as mãos. Estava fragilizada, ainda não sabia que atitude tomar, e até poderia dizer que não queria fazer nada sozinha. Sabia que precisava de Géli.

– Meu filho...

Maria não conseguiu continuar. As lágrimas inundaram seus olhos, turvando-lhe a visão. Suas mãos tremiam, segurando aquele papel.

Géli quis se aproximar, mas não sabia como fazer, ou o que fazer. Gostaria que ela parasse de chorar, que se acalmasse e que ambas pudessem conversar como médicas, mas não podia dizer isso. Respeitava a dor de Maria, apesar de não querer se deixar envolver naquele momento.

Ofereceu-lhe um copo com água e ficou calada, esperando que ela terminasse. Maria, agora, parecia mais calma.

– Obrigada.

– Precisamos agir e você sabe disso. O tempo é importante.

– Eu sei, mas ainda estou tentando me recuperar.

– Maria!

Você é médica! Não pode agir assim!

Maria fitou a outra como se não a entendesse.

– Eu sei. Só estou...

– Não há tempo para sofrer, Maria.

As lágrimas dela secaram com aquelas palavras. Por mais duras que fossem, Maria sabia que Géli estava com a razão. Não havia tempo para lamentos. O tempo podia ser seu inimigo. Não queria lutar contra ele.

– Desculpe, Géli.

– Tudo bem. Vamos decidir o que fazer.

Géli pegou os exames de Pedro. Começou a fazer alguns cálculos, consultou um livro. Maria só olhava. Géli parecia resolver tudo sozinha.

– Quando você quer fazer o mielograma?

Maria pareceu despertar de um sonho. Mielograma. Seu filho precisava fazer um mielograma. Aquele exame tão incômodo, mas tão necessário. Precisavam confirmar os resultados do exame de sangue. Ela se lembrava de como as mães costumavam ficar quando os filhos faziam o exame, como as crianças choravam, por não entenderem, e como as mães sofriam com isso.

– Hoje à tarde.

– Então está marcado. Escolha o horário.

MEU FILHO VOLTOU!

– Prefiro logo no início da tarde, para ter tempo de ver as lâminas.

– Tem razão. Às duas horas, então?

– Certo.

– Posso preparar tudo, se você quiser.

– Quero que você faça o exame.

Géli estancou. Não esperava por isso. Sabia que ambas tinham muita experiência naquele tipo de exame, mas não imaginava que Maria lhe pedisse aquilo. Perguntou-se se entregaria o próprio filho a outra pessoa, mas não sabia o que pensar. Lembrou-se novamente de Nina. "Vocês precisam uma da outra."

– Está bem. Farei o mielograma.

– Confio em você.

– Obrigada. Sei disso. – Géli tentou sorrir, mas não conseguiu.

Maria aproveitou para sair rapidamente da sala.

Quando chegou em casa, André estava brincando com um Pedro quieto e até pensativo.

– Oi, como estamos? – Maria beijou o marido e o filho.

– Oi, meu amor... Hoje já brincamos bastante, não é, filhão?

Pedro apenas balançou a cabeça, confirmando.

– Acho que ele está cansado do pai...

– Não é isso, papai. É que eu estava pensando...

– Pensando em quê, meu filho? – Maria perguntou.

– Naquele dia em que o caminhão bateu no carro da Gegê.

131

André olhou para Maria, que ficou alerta. O marido ainda não sabia daquelas histórias, e a médica não tinha certeza de que aquele fosse o melhor momento para contar sobre as hipóteses de Géli e Rose. Também precisava contar sobre a conversa que tivera com o filho, no carro, quando ele lhe disse que se lembrava de um acidente de caminhão, que tinha outra mãe. Não. Definitivamente aquele não era um bom momento.

– Meu filho, agora a mamãe precisa conversar com o papai. Quero que você vá assistir desenho lá no quarto, certo?

Pedro deu um beijo na mãe e foi cantarolando até o quarto.

– E então? – André perguntou.

– Conversei com a Géli.

– Por que ela?

Maria não esperava esse tipo de pergunta. Não naquele momento. Parecia que algo não estava bem esclarecido para André.

– Querido, Géli e eu já nos entendemos bem. Ela é uma excelente médica. Vai nos ajudar.

André pareceu mais tranquilo.

– Tem razão, meu amor. E Pedro gosta dela, não é? Lembra-se do aniversário? Ele surpreendeu todo mundo com o jeito como a tratou. Isso pode ser bom para ele, querida. Se Géli puder ajudar, melhor.

Ajudar. Maria lembrava a todo instante das palavras de Nina. "Vocês precisarão se ajudar." O momento chegara.

Maria foi até o quarto de Pedro para conversar com o filho, enquanto André dava alguns telefonemas para o escritório, avisando que não iria trabalhar à tarde. Queria acompanhar o filho.

– Pedro, mamãe precisa lhe explicar algumas coisas.

O menino voltou-se para ouvir a mãe. Ficou calado, apenas olhando.

– Hoje à tarde, depois do almoço, eu, você e o papai vamos ao hospital onde a mamãe trabalha.

– Tirar sangue de novo?

– Não, meu amor, não é para tirar sangue.

– Eu vou ver a Gegê?

Maria já esperava por aquela pergunta, mas mesmo assim não estava preparada para responder. Não sabia o que falar. Sentia-se acuada com a doença do filho e temia o contato que ele teria com Géli e até mesmo com Rose. Não queria que ele continuasse tratando a médica como alguém da família, mas também não poderia impedi-lo. Precisava ter paciência com o que aconteceria dali em diante. Sabia que não seria nada fácil.

– Meu amor, a Géli vai estar lá, sim. Ela também vai ajudar a mamãe a cuidar de você.

– E o que eu vou fazer lá?

– Um outro exame. – Maria conseguiu sorrir para o filho.

– E para que serve esse outro exame?

– É que... a mamãe precisa saber umas coisinhas sobre o que tem no seu sangue, viu? – Maria estava emocionada.

– Mamãe... eu vou morrer? – Pedro voltava os olhinhos arregalados para a mãe.

Maria abraçou o filho. Não esperava aquele tipo de pergunta. Não sabia o que dizer. Sentia que ele perguntava por lembrar do acidente, e não sabia como lidar com isso. Tinha muito medo de perder o filho. Sorriu tristemente. Sabia que podia perdê-lo para uma doença terrível, e isso fazia que não raciocinasse direito. Parecia que ia enlouquecer. Precisava pensar, pensar, pensar, para não se deixar levar pela dor.

– Filho, você não vai morrer. Por que perguntou isso?

– É que eu não quero morrer. É muito triste quando a gente morre de novo...

Maria tentava manter a mente aberta para o que Pedro dizia, mas ainda sentia muita dificuldade com aquilo. Tentou se esforçar.

– E por que é triste, meu amor?

– Porque as pessoas ficam chorando... e aí a gente também fica triste, né?

– Eu sei, meu amor, eu sei.

Pedro não quis falar mais nada. Maria o aconchegou no colo até vê-lo adormecer. Ficou por muito tempo contemplando o filho. Parecia um anjo. Seus olhos se moviam no sono, sinal de que estava sonhando. A médica fazia esforço para não chorar. Não queria perder a razão e tinha medo de que o choro a deixasse mais abalada ainda.

Capítulo 23
Confirmação

Quando Maria chegou ao hospital, com Pedro e o marido, Géli já os esperava. Houve um rápido cumprimento entre os três, mas Pedro, como sempre, correu para abraçar Géli, o que, dessa vez, não causou espanto a ninguém. Todos estavam muito preocupados com toda a situação.

Maria e André procuravam distrair Pedro, enquanto Géli preparava tudo para o exame do menino. Mesmo assim, Pedro observava atentamente. Quando Maria o deitou de lado na maca, ele conseguiu dar um sorriso para a mãe, que, naquele momento, daria qualquer coisa para estar no lugar do filho.

O mielograma consiste em colher uma amostra da medula óssea, para examinar em microscópio. Após a anestesia local na região da coleta, no osso da bacia, introduz-se uma agulha no osso, que aspira uma amostra da medula.

Durante todo o exame, desde a anestesia, Pedro suportou corajosamente o desconforto, e até um pouco de dor, sem demonstrar muito o que sentia. Apenas um leve crispar no rosto o denunciou, e isso não passou despercebido a ninguém. Géli, Maria e André estavam emocionados com o comportamento do pequeno Pedro.

Quando Géli conseguiu colher o material necessário para o exame, Maria teve a impressão de que só então pôde respirar. Fez um pequeno curativo no filho e observou Géli preparar as lâminas que elas mesmas estudariam, dali a poucas horas, no laboratório.

Pedro mantinha-se quieto por causa do medicamento que tomara, para que não se agitasse durante os procedimentos. André pegou o filho no colo e saiu da sala. Maria ajudou Géli a levar o material colhido para o laboratório. Não queria deixá-la sozinha com as lâminas, e não sabia por quê. Sentia-se até ridícula por isso, mas não podia agir de modo diferente. Aquelas lâminas significavam, naquele momento, o futuro de seu filho de quatro anos. Não podia afastar-se delas.

Géli preparou as lâminas que continham amostras da medula óssea de Pedro. Agora só lhes restava esperar que estivessem prontas para a análise no microscópio.

– Obrigada. – Maria quebrou o silêncio.

Géli não conseguiu falar nada. Apenas balançou a cabeça. Queria ficar perto de Pedro, mas sabia que não devia. Precisava estar com Maria. Precisava acabar com aquela tortura.

Não aguentava mais aquilo. Desejou que Rose, sempre tão equilibrada, estivesse ali.

Quando as duas terminaram de examinar todas as amostras, não tinham mais dúvidas. Ele estava com leucemia. Nenhuma das duas falou nada. Ambas continuaram sentadas, quietas, secas. Nem chorar conseguiam.

Géli começou a lembrar o dia em que perdera o filho. Do exato momento em que percebera que o caminhão bateria em seu carro. Lembrou que seu único pensamento lúcido foi para o filho, querendo protegê-lo, mas não foi possível. Não pudera fazer nada para salvá-lo. Nada.

– Mas agora eu posso! – falou.

Maria assustou-se com o grito de Géli, mas mesmo assim não disse nada. Apenas olhava para a médica, como se assistisse a um filme distante.

– Maria, vamos trabalhar. Vamos cuidar do Pedro!

– Eu me sinto insegura. Por favor, me ajude.

– Precisamos ser rápidas. Você sabe que não há tempo a perder. A contagem das células está muito anormal.

Maria olhava para Géli e, apesar de entender a que ela se referia, não conseguia reagir como gostaria. Sentia-se como em um sonho. E, apesar de saber que estava sonhando, não conseguia acordar.

André estava na sala de Maria, com o filho. Pedro mexia em alguns pequenos bonecos, que eram deixados na sala para distrair os pacientes, enquanto a médica conversava com os pais.

Quando Géli e Maria entraram na sala, André pôde ver, pela expressão das duas, que algo não ia bem. Mas preferiu esperar, sem dizer nada.

– Meu amor... – Maria tentou falar, mas não conseguiu.

– O mielograma confirmou o que temíamos. Sinto muito. – Géli anunciou.

André olhou para a médica, e parecia não compreender o que ela dissera.

– Maria? – André parecia implorar que a mulher dissesse que não era verdade.

– Sim, André. O exame confirmou. – Maria retorcia as mãos, sem coragem de encarar o marido.

Pedro continuava a brincar, distraído.

– E agora? – André passava a mão pelo rosto, ainda sem querer acreditar.

Géli se adiantou:

– Agora precisamos agir com rapidez. Usar os medicamentos necessários.

– Medicamentos? Que medicamentos? – André perguntou, mas já sabia a resposta.

– Quimioterápicos – Géli respondeu.

Maria olhou vivamente para a outra, quase com raiva. Teve vontade de gritar que não fariam isso, que ela se precipitava, mas sabia que estava errada. Sabia que Pedro precisava submeter-se a esse tratamento agressivo, pois disso dependia sua vida.

– Pedro terá de...

Maria respirou fundo. Precisava tomar as rédeas da situação. Não podia mais deixar que tudo acontecesse como se não conseguisse lidar com aquele drama.

– André, ele precisará fazer a quimioterapia. E tem de começar o mais rápido possível, porque queremos que ele fique bom logo, certo?

– Claro, claro... – André tentou sorrir.

Capítulo 24
Esperança

Géli chegou em casa e encontrou Rose esperando por ela. Ficou feliz com isso. Desejava desabafar, contar tudo que tinha acontecido naquele longo dia. Falar como Pedro fora corajoso e do resultado do exame; da reação dos pais do menino, de como precisou ser objetiva com Maria, que parecia meio perdida. E do tratamento que tinham decidido fazer com o pequeno Pedro.

Géli estava cansada, mas otimista, pois sabia que aquele tipo de leucemia, tão comum em crianças pequenas, tinha uma grande chance de cura.

Rose sentiu-se mais aliviada depois das explicações de Géli. Sabia que Pedro venceria a doença. Ele voltara tão rápido ao corpo terreno, depois do trágico desencarne, não para ir embora de novo, tão precocemente.

– Rose, eu gostaria de contar tudo para o Rodolfo, mas não sei como ele reagiria a tudo isso, que até para mim parece loucura. Mas preciso contar a ele.

– Você deve ir com calma, porque realmente não dá para adivinhar como ele reagirá.

– O que digo a ele?

– Comece pelo começo. – Rose sorriu. – Conte como conheceu Maria, o episódio da festa do hospital, como o menino a chama... Todo mundo sabe que só o João a chamava assim.

– Falando assim parece fácil...

– Sei que não é. Mas você precisa fazer isso. Rodolfo merece saber.

– Vou esperá-lo chegar. Você me ajuda?

– Claro que sim! Você sempre poderá contar comigo, minha querida! – Rose pousou a mão sobre a da prima.

– Obrigada. Nunca poderei agradecer o suficiente o que você está fazendo por mim.

Rose sorriu. Géli estava mais calma, parecia mais serena. Só isso já era um ponto muito importante. Depois de todos aqueles anos de sofrimento, ela agora encontrava momentos de alegria, com a possibilidade de reaver, de alguma maneira, o filho perdido. Rose tinha certeza de que a doença era passageira. Pedro ficaria curado.

Quando Rodolfo chegou, ficou feliz por encontrar Rose, pois percebia que Géli sempre se sentia mais tranquila na companhia da prima. Sabia que Rose era espírita, e, apesar de não ter opinião formada a respeito daquela religião, respeitava muito a prima da esposa.

Deu um beijo na testa de Géli e, sorrindo, cumprimentou Rose.

– Convidei Rose para jantar conosco.

– Que bom, meu bem. Percebo que sempre que Rose está por perto você fica mais serena.

Géli sentiu seu rosto arder. Tinha de aproveitar a oportunidade que ele mesmo lhe dava, naquele momento.

– Tenho tentado entender algumas coisas, querido.

Ele olhou atentamente para a esposa, mas continuou em silêncio, como a pedir que ela continuasse.

– Nesse último ano, aconteceram certas coisas comigo. Coisas que não lhe contei, até porque não sabia como falar sobre um assunto tão estranho para mim. Imaginei que seria ainda mais estranho para você.

E foi assim que Géli conseguiu contar tudo a Rodolfo. Ele ouviu atentamente, quieto, sem demonstrar emoção. Ela chegou a pensar que o marido não acreditava na história, mas Rose também procurou dar mais explicações sobre a reencarnação, assunto pouco conhecido por ambos.

– Géli, por que você me contou tudo isso? Acha mesmo que pode ser verdade? – Rodolfo segurava as mãos da esposa.

– No início, achei que apenas tentava me agarrar a uma esperança, para minimizar minha dor. Mas depois... essa criança... Sinto meu filho nele. Não sei explicar. Só sei que sinto.

– Rose?

– Rodolfo, sei que é difícil para quem nunca teve contato com a Doutrina Espírita, mas isso é muito comum entre aqueles que a estudam. Hoje em dia já existem estudos que comprovam esses fenômenos.

– Esse menino... Pedro... ele pode ser a reencarnação de nosso filho?

– Acredito que sim – Géli respondeu.

– E ele está doente? Com leucemia?

– Sim.

– Corre risco de morte?

– Descobrimos a doença agora. Amanhã devemos começar a quimioterapia. Acredito que ele vai superar. É um menino forte.

– Eu... posso vê-lo?

– Preciso falar com a mãe dele primeiro, querido.

– Está bem.

Durante o jantar, Rose procurou explicar melhor os conceitos sobre reencarnação. Rodolfo se mostrava curioso sobre o assunto, e fazia muitas perguntas.

Géli observava tudo calada. Apesar de prestar atenção na conversa, sua mente também não se descuidava do tratamento que Pedro teria que fazer. A quimioterapia, seus efeitos colaterais, a curiosidade dos funcionários do hospital, por se tratar do filho de uma médica. Sabia que Maria gostaria de proteger o filho ao máximo e faria tudo para ajudá-la.

Capítulo 25
Dificuldades

Géli chegou cedo ao hospital, bem antes de Maria e Pedro. Gostaria de encontrá-los antes de qualquer outra pessoa. Queria conversar a respeito do marido, do que ele pedira na noite anterior. Rodolfo queria conhecer Pedro, mas Géli não sabia como Maria receberia a notícia. Tinha medo da reação dela, temia que impedisse o encontro. Na verdade, Géli tinha medo até de que Maria a impedisse de ver Pedro. Precisava conversar com muito tato, pois, se ela se negasse a cooperar, não saberia o que fazer.

Quando Maria chegou, trazia, além de Pedro, o próprio marido. Ele aparentava não ter dormido bem na noite anterior.

Maria e Géli foram conversar em um canto. Pedro não estava nem um pouco interessado no que as duas diziam. Assim que Géli voltou para perto dele, o menino correu para seus braços e deu-lhe um abraço bem apertado, que a deixou comovida.

André observou o comportamento do filho, surpreso, mas não falou nada. Géli percebeu que o homem a observava, mas procurou agir naturalmente.

– Gegê, a mamãe me contou que eu vou tomar um monte de remédio.

– É verdade, Pedro. Durante vários dias você terá de vir aqui para tomar esses remédios e ficar bom logo.

– É remédio amargo, Gegê?

– Não, não é remédio amargo. Você terá de tomar que nem injeção, entendeu?

– Ah... – Pedro ficou pensativo.

Géli olhou para Maria, depois para André. Os dois acompanhavam atentamente o diálogo entre ela e Pedro. Géli estava tensa com o olhar dos dois, ainda mais depois que Pedro resolveu aboletar-se em seu colo, e não parecia ter vontade de sair de lá tão cedo.

Maria resolveu intervir:

– Meu amor... agora precisamos ir tomar os remédios, certo?

– Certo. – Pedro desceu do colo de Géli.

André pegou o filho pela mão e seguiram Maria, com Géli logo atrás.

O primeiro dia da quimioterapia transcorreu conforme o esperado. Maria e Géli já tinham determinado que tipo de medicação usariam, e por quanto tempo Pedro a receberia. As duas sabiam que as reações seriam fortes, mas não podiam arriscar, depois de verem os resultados dos exames de sangue e do mielograma. Sabiam que o menino precisava receber doses maciças.

O garoto sentiu muito enjoo e chegou a vomitar um pouco, mas reagiu bem ao primeiro dia do tratamento. Cada pequena reclamação dele parecia rasgar o coração dos três, mas ninguém demonstrou nada. Procuravam transmitir força para o menino.

Ao final da manhã, quando Maria já ia com sua família para casa, Géli resolveu pedir:

– Maria... – falou baixinho – meu marido gostaria muito de conhecer o Pedro.

Maria não sabia o que fazer ou dizer. Tinha medo de que aquele encontro fizesse mal ao filho. Tinha medo da reação de André. Não queria um clima ruim durante o tratamento. Mas Géli estava ali, esperando por uma resposta.

– Não sei o que dizer...

– Eu gostaria de trazê-lo aqui amanhã. Por favor, não nos negue isso.

– Você não percebe que me pede demais? Tudo é muito novo. Meu marido não conhece essa história.

– Está certo, desculpe. Vou conversar com ele.

André e Pedro esperavam Maria. Antes de ir embora, Pedro ainda quis dar mais um abraço em Géli.

O menino passou o resto do dia deitado, sentindo enjoo e sem vontade de comer. Maria e André tentavam de tudo para que o filho comesse; em vão. No final da tarde conseguiram que ele tomasse um copo de suco.

Depois que Pedro dormiu, Maria resolveu conversar com André sobre o pedido de Géli.

– Querido... o que você achou do comportamento do Pedro com Géli? – Maria procurava parecer natural.

– Achei estranho. Confesso que fiquei surpreso.

– É, mas ele sempre age assim quando a encontra. Lembra-se de que lhe disse ontem? Da festa no hospital?

– Claro que me lembro.

– E do aniversário dele, lembra? – Maria olhava ansiosa para o marido.

– Claro que sim! – André sorriu. – Ninguém entendeu nada.

– Pois é... Conversei muito com Rose, a prima da Géli. E parece entender muito dessas coisas.

André observava atentamente a mulher.

– Maria, você não acha isso meio louco? Essa médica... será que ela não surtou depois que o filho morreu?

André falava sério, mas Maria não pôde deixar de rir.

– Meu amor, Géli é uma pessoa muito lúcida. Disso eu tenho certeza. E já tive oportunidade de conversar com outras pessoas sobre esses fenômenos, para saber mais. Sempre dizem as mesmas coisas.

– Como assim?

– Aqueles que estudam o Espiritismo admitem que isso pode acontecer.

– Mas... e se for verdade? O que ela pretende fazer? Tomar nosso filho? – André sorriu, irônico.

– Claro que não, meu amor. Mas acho que devemos respeitar o sentimento dela.

– É... Você tem razão, querida.

Maria sorriu para o marido.

– Ela está nos ajudando muito.

– Eu sei. Ela é muito determinada. Parece que tudo vai mais rápido quando Géli toma a frente.

– Tenho a mesma impressão. – Maria sorriu.

– Você... quer me dizer mais alguma coisa?

– Quero.

– O quê? É sobre Pedro? – André ficou tenso.

– Não, querido. É sobre o marido de Géli, Rodolfo.

– O que tem o marido dela?

Maria retorcia as mãos, sem saber como falar. André esperava a resposta da esposa.

– Hoje, Géli me contou que o marido ficou sabendo da história de Pedro.

– E...?

– E gostaria de conhecer nosso filho.

– O que você acha disso, Maria?

– Não sei...

– E se isso fizer mal para nosso menino?

– Também já pensei nisso, mas...

– Mas...?

– Ele fica tão feliz quando encontra Géli... Talvez se sinta melhor ao conhecer o marido dela. – Maria se mostrava esperançosa, e seus olhos brilhavam.

– Maria... tomei uma decisão.

Ela ficou quieta e prendeu a respiração. Tinha medo de que André proibisse o encontro de Pedro com Géli e Rodolfo. Por mais que sentisse medo de tudo aquilo, não achava que eles pudessem significar algum perigo para seu filho.

– Não sei bem o que são essas coisas que você me contou, querida...

Maria continuava quieta, esperando o marido terminar.

– Mas vou respeitar suas decisões a respeito da relação com essa médica e com o marido dela.

Maria soltou a respiração.

– Até quando eu achar que isso não faz mal a nosso filho, certo?

Maria jogou-se nos braços do marido, agradecida. Estava mais calma.

– Obrigada, meu amor.

André não teve tempo de responder.

Pedro chamava os pais, com uma voz chorosa. Os dois correram para o quarto do filho e o encontraram sentado na cama, com ânsia de vômito. Maria procurou acalmar o filho, enquanto André preparava o remédio para Pedro tomar.

Mesmo depois que o garotinho se acalmou e dormiu, Maria e André continuaram a seu lado, por toda a noite.

Capítulo 26
Mediunidade

No segundo dia da quimioterapia, Pedro já aparentava um pouco de abatimento. Géli percebeu que o ânimo do menino estava abalado, mas não disse nada; apenas o abraçou, retribuindo seu carinho.

Maria sentia-se aliviada por ver que Géli podia ajudar tanto naquele momento. Não sabia o que conseguiria fazer sem ela.

André observava tudo em silêncio. Via a médica preparar o medicamento que Pedro tomaria e a estudava disfarçadamente. Lembrou quando Maria começou a trabalhar no hospital: muitas vezes chegara em casa aborrecida. Agora, via aquela mulher delicada com seu filho, e Pedro parecia mesmo conhecê-la de longa data. Como podia ser? Parou para pensar nas coisas que Maria lhe falara, mas não sabia o que fazer a respeito, nem mesmo o que pensar. Reencarnação. Não era comum em seu círculo de amizades. Como saber algo sobre isso? Em quem confiar? Meneou a cabeça, pensativo.

– André, querido, está tudo bem?

– Ahn? Ah! Claro! Tudo bem. Eu só estava pensando um pouco...

Maria olhou preocupada para o marido. Tinha medo de que ele não aguentasse a situação. E precisava muito dele. Torcia para que não fraquejasse.

– Maria...

– Sim? – Maria voltou-se para Géli, assustada.

– Pedro quer água. O que você acha?

André prontamente ofereceu-se para servir água ao filho. Maria deu-lhe o mínimo possível, com receio de que ele vomitasse.

Pedro estava sonolento, e, quando a sessão terminou, André carregou-o até o carro. Maria despediu-se de Géli:

– Obrigada. Você tem sido de grande ajuda. Muito obrigada mesmo.

Géli quis falar, perguntar se Maria conversara com o marido sobre o desejo de Rodolfo conhecer Pedro, mas a outra não lhe deu tempo. Afastou-se rapidamente.

Rose foi buscar Géli para almoçarem juntas, mas a médica preferiu ir para casa, onde o marido a esperava. Rose a acompanhou.

– Como estão as coisas?

— Ainda é cedo, Rose, mas temos esperança de que ele reaja bem ao tratamento.

— E como estão as relações com Maria e o marido?

— Caminhando... – Géli sorriu, triste.

— E sobre o Rodolfo conhecer Pedro?

— Ontem falei com ela a respeito, mas hoje não deu tempo. Acho que Maria me evitou, para que eu não tocasse no assunto.

— É assim mesmo, querida. Tenha um pouco de paciência que tudo vai se resolver.

Géli deu um suspiro.

— Eu gostaria de conversar novamente com aquela senhora...

— Dona Nina? Claro! Acho que ela gostaria muito de falar com você, também. Mais tarde poderemos ir ao centro espírita. Que tal?

— Ótimo!

Em casa, Rodolfo bombardeou Géli com perguntas a respeito de Pedro. Estava ansioso para ter notícias do menino, e mais ainda para conhecê-lo.

Géli e Rose procuraram responder a todas as perguntas, e a médica prometeu ao marido que no dia seguinte traria uma resposta sobre o pedido que ele fez.

Depois do almoço, Rose ligou para dona Nina e combinou encontrá-la no centro espírita, à noite. As duas passaram a tarde ansiosas, até o momento de ir ao encontro da médium.

Na casa espírita, Géli não conseguiu concentrar-se na reunião, como das outras vezes. Sabia que precisava estar o mais equilibrada possível, não só ali, mas em todos os momentos que viriam.

Ao fim da reunião, Rose e Géli esperaram, durante alguns minutos, enquanto Nina conversava com outras pessoas. Então a senhora despediu-se e chamou as duas primas para a outra sala.

– Obrigada por sua atenção, dona Nina... – Rose sorria, após cumprimentar a médium.

– É sempre um prazer, querida. – Voltou-se para Géli. – E você, querida, como está?

Géli tomou, entre as suas, as mãos que Nina lhe estendia. Sentiu um calor agradável.

– Estou bem, obrigada.

– E a outra moça?

Géli não esperava por essa pergunta assim, tão rápida. Levou um tempo para responder.

– Maria está enfrentando problemas com o filho.

– Problemas? – Nina ergueu as sobrancelhas.

– Pedro está doente – informou Rose.

– Ah, doente... – Nina ficou pensativa por um instante.

Rose e Géli permaneceram quietas, esperando que a médium dissesse algo.

– Minha querida, você não deve perder a fé e a esperança. Esses momentos são de teste para todos.

De repente, o semblante de Nina ficou mais grave. Sua voz modificou-se. Géli sentiu que estava diante de outra pessoa.

– Essa disputa entre vocês duas precisa acabar. Uma precisa perdoar a outra, para que o menino não sofra as consequências das intrigas que vocês fizeram.

Géli, estática, mal respirava. Aquela voz não era a de Nina. E o que ela falava? Disputa entre as duas? Perdão? Menino sofrendo? O que aquilo tudo significava?

– Eu... eu não entendo...

– Você ainda não entende, minha filha, mas só o perdão e a união de vocês duas podem ajudar o pobre menino.

– O que preciso fazer?

– Perdoe, minha filha, perdoe.

– Perdoar?

– Perdoe o homem do caminhão que matou seu filho... Perdoe a moça que criou seu filho... Perdoe o homem que tirou seu filho para dá-lo à outra mulher...

– Como assim? Não sei de quem a senhora está falando.

– No momento certo, minha filha, você vai entender. E, quando entender, lembre-se de que tem de perdoar, sim?

Géli olhava para Nina e para Rose, ainda confusa, quando Nina deu um profundo suspiro e fechou os olhos.

Quando os abriu, Géli teve a impressão de que ela estivera dormindo.

– A senhora falou...

Rose fez uma ligeira pressão no braço de Géli, para que ela não falasse. A médica calou-se, contra a vontade.

Capítulo 27
Amizade

No outro dia, Rodolfo chegou ao hospital sem avisar. Pedro recebia os medicamentos quimioterápicos e não o viu, mas Géli percebeu que o marido assistia a tudo através do vidro da enfermaria infantil.

Maria viu que Géli olhava para o homem que estava do lado de fora, e na hora adivinhou tratar-se de Rodolfo. As médicas apenas se entreolharam, e foi como se entendessem. Maria apenas assentiu com um gesto de cabeça. Géli saiu da sala para falar com o marido.

– Rodolfo, esta não é uma boa hora para visitas. Pedro está um pouco debilitado. Esses medicamentos são muito fortes.

– Entendo, querida, mas me deixe ficar aqui, olhando para ele. Não sei direito o que isso significa para mim, mas é que você e a Rose falam com tanta convicção...

Géli sorriu com amargura.

– Esse tratamento é delicado. Ainda não obtivemos uma boa resposta do Pedro. Temos que esperar mais algum tempo.

– Entendo, querida.

– Devemos ter cuidado com as emoções dele, além de protegê-lo ao máximo contra as infecções, que podem se aproveitar da baixa de defesa do organismo.

– Compreendo. Ficarei aqui fora, está bem?

– Pedro só sairá daqui no fim da tarde. E vai passar a maior parte do tempo dormindo.

– Tudo bem. Já entendi. – Rodolfo sorriu. – Irei embora logo, está bem?

Géli suspirou, cansada.

– Me desculpe...

Rodolfo a abraçou.

– Não se desculpe, querida. Sei que você faz o melhor por esse menino.

Géli sentiu-se reconfortada pelo abraço do marido.

Pedro já estava havia mais de dois meses na quimioterapia, em sessões semanais. Reagia bem ao tratamento, e os episódios de vômitos e náuseas já não eram tão frequentes. Além disso, o menino sempre demonstrava coragem. Seu cabelo caiu e o pai comprara-lhe vários bonés. Pedro se divertia em escolher um deles para combinar com a roupa que usaria.

Maria e Géli cuidavam de cada detalhe do tratamento de modo tão diligente que todos, no hospital, se emocionavam com o comportamento das duas. Mas ninguém entendia como elas, agora, pareciam tão próximas, até amigas íntimas. Percebiam como Géli mudara: parecia mais suave, já conseguia sorrir para as pessoas, coisa que não acontecia havia muito tempo.

Também era frequente, agora, Rodolfo aparecer no hospital. Ele ficava horas no consultório da esposa, conversando. Pareciam mais próximos também. Mas ninguém sabia por que essas visitas coincidiam com as sessões de quimioterapia de Pedro. Na verdade, talvez ninguém tivesse percebido isso, a não ser Viviane.

Viviane também era espírita, apesar de não comentar esse fato com ninguém. Sabia que a prima de Géli frequentava o mesmo centro espírita, mas em dias diferentes. Só se encontravam em eventos maiores, como festas beneficentes. Viviane percebeu o interesse de Rose por Maria, e depois a insistência de Géli com a colega. Sabia que havia algo relacionado ao filho da médica. A princípio não ligou, mas tempos depois juntou alguns pedaços da história de Maria, viu que ela andava perturbada com a saúde do filho, antes mesmo da leucemia, e percebeu que isso, de algum modo, a ligava a Géli. Lembrou-se, depois de saber, por intermédio de Rita, que Maria e Géli frequentavam o mesmo centro espírita, depois do episódio na festa de confraternização do hospital, quando Pedro abraçara Géli como se fossem velhos amigos. Também recordou o aniversário do menino, ao qual Géli chegou sem ser convidada, e o fato de Pedro fazer questão de que ela ficasse a seu lado na hora dos parabéns.

Intuía que havia algum laço importante entre aquelas pessoas, mas não se pronunciaria acerca disso. Apenas observaria os acontecimentos, e torceria para um final feliz.

No entanto, a ocasião de Viviane participar dos acontecimentos chegou.

Encontrou Maria no corredor e viu que a médica não estava nada bem. Resolveu levá-la até sua sala. Maria deixou-se levar passivamente, pois, se havia uma pessoa, naquele hospital, em quem poderia confiar, era Viviane.

– Tenho percebido que você anda preocupada... Conheço a situação de seu filho, mas tenho a impressão de que há algo mais incomodando, machucando. Quer se abrir comigo? Desabafar? Isso pode lhe fazer bem.

Maria ouviu cada palavra atentamente, e, apesar de seu receio de parecer ridícula, abriu o coração. Contou tudo que aconteceu desde o primeiro dia em que seu filho viu Géli; falou sobre Rose, o centro espírita e dona Nina. As palavras pareciam sair em enxurradas; ela quis dizer tudo, sem omitir nada, falar dos seus medos, das suas crenças, do que aprendera desde criança; falar que não podia entender aquilo como natural, e que se sentia ameaçada por Géli, com medo de que ela lhe tirasse o filho. Que sabia que aquilo era absurdo, mas não podia evitar sentir aquele medo, que lhe parecia tão real.

Viviane ouvia tudo com total atenção. Discretamente, desligou o telefone para que não fossem interrompidas. Aquele era um momento muito importante para Maria, que precisava de ajuda.

– Creio que você não sabe, querida, mas... eu também sou espírita. – Viviane sorriu ao ver o olhar surpreso da médica.

– Eu não sabia! – Maria fez menção de levantar-se.

– Isso muda alguma coisa para você, em relação a mim? – Viviane sorria.

– Não, claro que não – Maria sentiu-se corar. – Eu... Foi uma surpresa. Desculpe.

– Não precisa se desculpar. Podemos continuar?

– Você entende tudo isso que lhe falei? Por favor, não pense que sou preconceituosa! É que não sei lidar com essas coisas... com o sobrenatural.

– Minha querida, nada há de sobrenatural nisso! – Viviane sorria, procurando intencionalmente deixar a médica à vontade.

– Fui educada na religião católica. Como entender isso?

– Como você entende a ciência, querida: estudando a respeito. Descobrindo como cada célula funciona, cada átomo, cada molécula.

– Não vejo a ciência como algo sobrenatural.

– E não é! – Viviane riu – A ciência é divina! Deus ampara o progresso do homem. O "sobrenatural" é o nome que o homem dá ao que não consegue explicar, ou entender... – Viviane riu quando Maria corou.

– Você acredita no que lhe contei?

– Claro que acredito, Maria! Vivencio isso há mais de trinta anos!

– Como assim? – Maria olhou surpresa para a diretora.

– Descobri, ainda criança, que podia ver e falar com espíritos, mas não sabia como lidar com isso. Meu pai sempre foi muito austero, e também fomos criados na Igreja católica. Sofri muito até entender o que acontecia comigo. Graças a Deus, a mãe de uma colega de escola percebeu que eu era sensitiva, e me orientou e me ajudou muito. Procurou explicar para os meus pais o que acontecia comigo, e aos poucos eles foram aceitando, e permitindo que eu aprendesse sobre o que acontecia comigo.

– Mas nós, eu e Pedro, não vemos espíritos, não conversamos com eles...

– Minha querida, o que ocorre com seu filhinho são apenas lembranças de uma outra vida, que teve um desenlace trágico, e do sofrimento da mãe que aqui ficou, sem se conformar ou aceitar a separação. Isso é muito comum na primeira infância, até os quatro, cinco anos. Depois, essas lembranças geralmente desaparecem e a criança esquece. Você não tem por que se preocupar com isso.

Maria sentiu um gosto amargo na boca, ao pensar que talvez o filho não passasse dos cinco anos, por causa da leucemia. Talvez ele não tivesse tempo para esquecer tudo aquilo. Talvez a vida não lhe desse essa chance.

Viviane percebeu a nuvem de tristeza que recobriu o semblante da colega.

– Não pense no pior, minha querida. Seu filho vencerá essa guerra, e todas as batalhas! Tenho certeza! – Viviane abraçou a amiga.

Maria a fitou vivamente.

– Tem certeza? Pode saber o que vai acontecer?

Viviane se emocionou com a amiga.

– Meu amor, todas nós sabemos o que vai acontecer. Ele vai vencer. É um garoto forte. Você sabe que as crianças reagem superbem ao tratamento, melhor que os adultos. Esqueceu-se disso?

– Não, não esqueci. Mas tenho tanto medo...

– É normal sentirmos medo, minha amiga. É normal temer o amanhã. Mas tenha fé no Pai Celestial. Ele vê tudo.

– O que acha que devo fazer em relação a Géli?

– O que você *quer* fazer em relação ao que acontece com seu filho?

– Não sei direito... Seria desonesta se dissesse que aceito as coisas assim, de repente, porque não é desse modo que a vida funciona comigo. Mas confesso que meu coração pede que eu me aquiete, e entendo isso como uma lição que a vida está nos dando.

– E é exatamente isso que a vida quer! Que você a aceite como ela se apresenta..

– E quanto a Géli?

– Faça apenas o que o seu coração mandar. Não se violente. Não violente seus sentimentos.

– Não sei o que fazer quando ela chega perto do Pedro. Me sinto meio intrusa nesses momentos.

– Você é a mãe do Pedro nesta vida. E a vida, minha querida, tem leis que ninguém pode mudar. Quando isso tudo acabar, e o Pedro estiver maior, restará uma grande amizade entre todos vocês, e essa é a melhor parte: a amizade, que é o maior de todos os amores.

Viviane sorria para uma Maria mais calma, e acreditava que contribuíra para isso. A médica parecia mais tranquila, como se soubesse realmente o que fazer a partir daquele momento.

Capítulo 28
Transplante

Dias depois, Pedro piorou muito. Suas reações à quimioterapia já não eram tão satisfatórias, e Maria começou a pensar na possibilidade de um transplante. A situação a deixava em permanente suspense, e não tivera mais oportunidade de conversar a sós com Rose e Géli. De certa maneira, inconscientemente, procurava evitar falar nesses assuntos; não se sentia segura para tal. Ultimamente, buscava a companhia de Viviane, que a reconfortava e fazia que se sentisse mais segura.

Começou a insistir no transplante de medula óssea para Pedro, mas seu marido não entendia muito bem o que seria feito. Maria pediu a Viviane que explicasse o que deveria ser feito.

Na sala de Viviane, André sentou-se e esperou pacientemente, junto com Maria e Géli, até a médica terminar uma conversa ao telefone.

– Desculpem, meus queridos! – Viviane sorria ao desligar o telefone. – Vamos ao que interessa.

– Você sabe que nós já cumprimos todo o protocolo da quimioterapia para o caso do Pedro, mas os resultados não são satisfatórios. Começo a pensar no transplante de medula.

– Estou surpresa por não ver uma boa resposta do Pedro à quimioterapia, pois a melhora é comum nessa idade. As crianças reagem bem aos medicamentos.

– Eu sei, mas acho que não podemos adiar a hipótese do transplante.

Géli e André olhavam-nas, sem nada falar, apenas esperando o resultado daquele diálogo.

– Bem, sabemos qual é o próximo passo a dar. Precisamos buscar nos bancos de dados alguém compatível com ele, mas...

– Mas...? – André estava alerta.

– Sabemos que essa compatibilidade é muito rara, quase impossível. O ideal seria Pedro receber parte da medula de irmãos, filhos do mesmo pai e da mesma mãe.

– Pedro não tem irmãos – André falou baixinho.

– Eu sei, meu querido. – Viviane sorriu, compreensiva.

– Mas nossa família é muito grande! – André quase gritou. – Temos muitos irmãos, primos, tios...

– Podemos tentar todas as hipóteses – Viviane falou, condoída com a esperança daquele pai.

Géli o fitou e pensou em quantos pais já haviam dito isso, querendo descobrir alguém na família que pudesse doar parte da medula. Mas, em geral, depois se descobria que não havia parentes compatíveis. Alguns ainda contavam com a sorte de ter outros filhos, e algum deles poder ser o doador, mas era raro isso acontecer.

– Então, Viviane, é isso que faremos agora! – Maria decidiu. – Começaremos a procurar.

– Certo, minha querida. E que Deus nos ajude.

André e Maria ligaram para toda a família, avisando que precisavam fazer exames para tentar encontrar alguém compatível para doar parte da medula óssea a Pedro. Apesar de ser médica e saber, por experiência própria, que era quase impossível encontrar isso na família, Maria nem sequer pensava nessa possibilidade.

Os parentes faziam exames em suas cidades, mas ninguém foi classificado como compatível com Pedro. Só então Maria parou para pensar no que estava fazendo. E reconheceu que tentava se enganar. Não podia mais agir como uma pessoa leiga, pois sabia o que aquilo significava. Teriam de esperar um milagre para salvar Pedro.

Pedro lutava bravamente contra a doença, estava sempre de bom humor, contando o que acontecia no hospital, nas sessões de quimioterapia, e sobre os amigos que fizera por lá. Seus pais ouviam atentamente tudo que o menino dizia, procurando sempre sorrir e transmitir-lhe segurança e otimismo. Mas, muitas vezes Maria e André dormiam abraçados, chorando, sentindo que o tempo do filho se acabava. Só podiam esperar por um milagre.

Dias depois, Pedro acordou indisposto, e a sessão de quimioterapia foi muito difícil. Pela primeira vez, Maria viu o filho desanimado. E sentiu medo. Tinha receio até de pensar no que aquilo poderia significar.

No dia seguinte, Pedro acordou se queixando de um sonho ruim e pediu à mãe que o levasse para ver Géli. Maria sentia que o filho não estava bem, mas não teve dúvidas de que devia fazer o que o menino pedia.

Capítulo 29
Lembranças

Maria e Pedro chegaram à casa de Géli sem avisar. Maria teve receio de não encontrar a médica, mas seu filho fizera o pedido como quem quer se despedir. Nos últimos dias não vinha passando bem. Parecia mais cansado, mas não reclamava de nada. Apenas dava um sorriso débil quando o pai fazia alguma brincadeira ao fim da sessão.

A mãozinha de Pedro repousava na da mãe enquanto eles esperavam a porta se abrir.

Quando Géli os viu, teve a mesma sensação de Maria. Era uma despedida. Os olhos das médicas se encontraram, e não foi preciso que dissessem nada. Géli afastou-se para o lado e os deixou passar.

Pedro olhava tudo, tranquilo. Não parecia surpreso com nada. Observou o quadro na parede, os livros na estante. Passeou pela sala como um velho habitante daquele lugar. Contornou o sofá, e, ao passar por trás, esticou o braço, acompanhando o contorno do encosto com a mão. Géli sentiu um baque no coração. Era *seu filho* que fazia aquilo sempre que entrava na sala correndo, gritando pela mãe.

Pensou em levar o menino até o quarto que fora de João, mas, antes de articular qualquer palavra, Pedro já se dirigia ao aposento, sem que ninguém lhe indicasse o caminho.

Maria olhava para Géli, sem entender nada. Até então não haviam trocado nenhuma palavra, apenas se entreolhavam. As duas seguiram Pedro até o quarto.

O menino foi até uma prateleira e retirou um macaquinho marrom de carinha branca, com os pelos arrepiados. Outro baque no coração de Géli. Aquele era o brinquedo favorito de seu filho, que dormia todas as noites com ele, não sem antes fazer com que o pai e a mãe dessem um beijo de boa noite no Titi.

– Gegê... – Pedro chamou.

Géli não conseguia responder, a garganta seca. Sentia medo de abrir a boca e sair o grito que a sufocava por ver tanta coincidência entre aquele menino e seu filho.

– Gegê... – Pedro agora olhava para a médica.

Maria assistia a tudo quieta, em suspense. Tinha medo do que viria depois. Olhava para Géli assustada.

– Sim, querido?

– Não precisa mais guardar todos esses brinquedos. Não vou mais morar aqui.

Géli levou a mão ao peito. Maria ficou em posição de alerta. Não gostava quando o filho falava aquelas coisas.

Géli sorriu, procurando aparentar calma.

— Lá no hospital tem um monte de crianças que não têm brinquedo... Você pode até levar para elas, não é, mamãe? — Pedro voltou-se para Maria.

Maria tentava sorrir ao assentir com a cabeça. Também sentia medo de falar naquele momento.

As duas mulheres continuaram a observar Pedro passeando pelo quarto. O menino revirava as prateleiras, mas com muito cuidado, como se estivesse mexendo em objetos de outra pessoa; em alguns momentos parecia bem à vontade, mas em outros se mostrava desconfiado, quase envergonhado.

— Algum problema, meu filho?

— Nada, não, mamãe. É que...

Maria e Géli não sabiam o que esperar naquele momento. E, mesmo que soubessem, não estariam preparadas.

— Mamãe, Gegê... quero pedir uma coisa de vocês duas... — a voz de Pedro parecia dar sinal de cansaço.

— Filho, você está cansado. Vamos parar um pouco? — Maria correu a amparar o filho.

Géli também correu a ajeitar os travesseiros para acomodar o menino. Seu coração batia forte.

— Mamãe, Gegê... quero pedir que não briguem mais.

Maria olhou com surpresa para Géli, que lhe devolveu o olhar. Não entendia o que ele falava. De repente, Maria se lembrou do sonho que tivera, em que se via como uma mulher que criava um filho que não era seu. Não sabia por quê, mas, sempre que tinha esse sonho, acordava pensando que havia alguma relação com Géli.

– Pedro, meu querido... De que você está falando?

– Gegê, você lembra quando o caminhão bateu no carro do meu outro papai?

– Caminhão? Que caminhão? – Maria estava prestes a perder a calma. Estava alerta, com medo do que viria depois. Pedro já lhe contara essa história.

Géli escutava tudo calada, sem mexer um músculo sequer. Estava atenta aos movimentos de Maria. Achava que ela agarraria o filho a qualquer momento e sairia correndo dali.

– Mamãe, deixa eu contar a história para a Gegê – Pedro falava mais pausadamente, exausto.

Géli olhava suplicante para Maria, os olhos marejados. Maria olhava do filho para a médica, sem saber o que fazer. Queria sair dali, mas sabia que Pedro não estava bem, que precisava descansar. Respirou fundo e falou:

– Está bem, meu filho, fale o que você quer falar.

– Gegê, quando o caminhão bateu no carro do papai, eu dormi logo. Nem... nem senti nada... – Pedro sorriu. – Quando acordei, lá no céu...

Maria correu para o filho, que parecia prestes a desmaiar. Géli também correu para junto da criança, mas ele apenas parou de falar, como se estivesse recordando algo.

– Lá no céu, eu queria vir aqui... ver você... mas o anjo disse que você não poderia me ver.

Géli não conseguia conter as lágrimas. Mordia os lábios, para segurar os gritos de dor que rasgavam seu peito.

– O anjo me disse que você estava muito triste, Gegê. E que eu devia fazer tudo direitinho, para poder voltar logo para perto de você.

Pedro sorria, apesar do cansaço.

– Perguntei ao anjo se eu podia ser seu filho de novo.

Géli e Maria se entreolharam, surpresas. Ao mesmo tempo que temiam que todo aquele esforço fosse demais para o menino, também tinham a necessidade de ver tudo se esclarecer, e só Pedro poderia fazer isso.

– Mas o anjo disse que não, Gegê. – Pedro sorriu, como se pedisse desculpas.

Géli enxugou uma lágrima. Maria ouvia o filho atenta.

– O anjo disse que era para eu ser filho da minha outra mãe... e que depois a gente ia se encontrar de novo...

Pedro fechou os olhos e respirou fundo. Maria e Géli fitaram-se, apreensivas.

– Aí eu fiquei feliz, Gegê... porque eu sabia que você não ia mais ficar triste se me visse.

– Isso mesmo, meu amor... – as lágrimas voltavam a molhar o rosto de uma Géli emocionada.

Sem que ninguém percebesse, Rose aproximou-se da porta do quarto, ouvindo tudo, emocionada e em oração de agradecimento a Deus, que permitira aquele momento.

– O anjo também me disse por que não era mais para vocês brigarem...

Apenas nesse momento Géli e Maria perceberam a presença emocionada de Rose. Mas a prima nada falou. Apenas sorriu, encorajando-as. Géli tomou as rédeas da situação, apesar de muito emocionada.

— Pedro, por que o anjo disse isso?

— Não lembro direito. Ele dizia que era para vocês saberem que não podia ficar dono de ninguém... — Pedro sorriu. — Acho que era isso.

— Meu amor... — Maria acariciava a cabecinha careca do filho. — Você não está cansado? Acho que é melhor descansar um pouco.

Pedro olhou para a mãe, depois para Géli, e perguntou:

— Gegê... será que vou morrer de novo, como na vez do caminhão?

— Não, não, não!!! — Géli quase perdeu o controle, mas Rose a segurou.

Maria agora chorava baixinho, vendo o pequeno filho adormecer em seus braços.

Pedro adormeceu, mas nenhuma das três afastou-se da cama que o acolhia. Ficaram velando seu sono por um bom tempo, até que Rose quebrou o silêncio:

— O que aconteceu aqui foi sublime... Graças a Deus! Poucas pessoas nesta vida têm a bênção que nós tivemos hoje, de conhecer um pouco mais sobre os mistérios de Deus.

Maria e Géli apenas olharam para Rose, sem demonstrar o que sentiam. Alternavam olhares entre si, comunicavam-se sem palavras. E fitavam Pedro, que dormia placidamente.

— Rose... o que você quer dizer? — Géli perguntou, como se saísse de um transe.

— Géli, Maria, essa criança que todos nós tivemos a bênção de conhecer é um ser muito especial, ao qual foi permitido lembrar-se de tudo só para ajudar vocês. — Rose sorria.

— Ajudar? — Maria parecia surpresa. — Como assim?

— Lembra-se de como Géli era quando se conheceram?

— Sim...

— Um ser humano difícil, intratável... As pessoas tinham medo de chegar perto dela.

Géli ficou vermelha, mas procurou sorrir, concordando com a prima.

— E, agora, veja como ela está! E sabe por quê? Porque ela descobriu que a pessoa que ela mais amou, nesta e talvez em outras existências, pôde voltar para dizer-lhe que não esmorecesse, que tivesse fé, que acreditasse! Isso é a obra de Deus! De Deus com seus mistérios insondáveis...

— Mas, Rose... meu filho pode morrer de novo!

— É preciso ter fé! Só Deus conhece nossos destinos. E Ele é perfeito. Sempre fará o que for melhor para seus filhos.

— Eu sei, Rose, mas... trata-se de meu filho! Quero lutar por ele! Não posso deixá-lo ir embora assim... Não posso!

Maria sentou-se na cama e segurava a cabeça entre as mãos, em completo desespero. Géli foi até ela como um autômato e segurou-lhe as mãos entre as suas, sem nada dizer. Rose sorriu para a prima.

Depois que Maria se acalmou, Rose continuou:

— Maria, minha querida, você ouviu o que seu filho falou? Sobre ninguém ser dono de ninguém?

— Sim, mas... Eu nunca quis ser dona do meu filho. Apenas quero que ele cresça feliz, tenha uma vida saudável... É o que toda mãe quer para um filho. Só isso, meu Deus!

— Mas acho que ele se refere a algo que talvez só você saiba, Maria.

— Como assim? Não sei do que você está falando, Rose.

Géli ouvia tudo atentamente, mas também não conseguia entender o que a prima falava.

— Então precisamos nos aprofundar mais nessa história de outras existências, para que entendamos o que ocorre com vocês. — Rose continuava a sorrir amorosamente para Maria e Géli.

— Por que você fala assim? O que isso tem a ver com o que Pedro está passando, com a doença? — Maria suplicava. — Você parece conhecer coisas que nós não sabemos...

— Talvez eu saiba mesmo.

Géli olhava vivamente para a prima, na espera do que ela poderia falar. Apesar de nem sempre entender as coisas que Rose falava, sentia uma grande necessidade de desvendar aqueles mistérios, como se com isso pudesse ter seu filho de volta, ou ao menos mais perto.

Maria, bem mais calma, encarava Rose, à espera de uma resposta.

— Talvez não tenham percebido, ou não deram importância, aos sonhos que tiveram e que podem se relacionar com aquilo que está acontecendo.

– Sonhos? – Maria ficou pensativa, muito quieta.

– Eu não me lembro de nenhum sonho. – Géli parecia distante, como a buscar algo na memória.

– E você, Maria? Lembra-se de algo?

– Talvez, mas... por que isso é importante?

– Muitas vezes, os sonhos nos fazem lembrar outras existências. Nós nos vemos em situações e na pele de outras pessoas e sabemos que somos nós, mas em outro corpo, em outra época.

Maria nada respondeu. Continuou pensativa.

– Isso já aconteceu com você?

– Eu... acho que sim.

Géli olhava atenta para Maria. Apesar de não ter ideia do que aquilo significava, queria muito saber de tudo que pudesse, de alguma maneira, ajudar o pequeno Pedro.

– E como foi, Maria? Pode nos contar? – Rose falava calmamente, para tranquilizar as duas.

– Tenho uns sonhos às vezes, em um tempo antigo... Me vejo como outra pessoa. Géli olhava de Maria para Rose, como se pedisse que a prima não a deixasse parar de falar. Rose sorria, para Géli ficar tranquila, o que não parecia ser fácil naquele momento.

– E o que mais você lembra?

– De uma criança que não era minha. Meu marido a tomou de alguém e me deu... Acho que eu não podia ter filhos... não sei direito...

– Como se sente em relação a esse sonho?

– Eu me sinto ameaçada... com medo de que a mãe da criança a tire de mim.

– E quando você começou a ouvir essas coisas, sobre o Pedro ser filho de Géli, o que sentiu?

– Isso é loucura! – Maria levantou-se, rapidamente.

– Por favor, acalme-se. Só estamos conversando. – Géli surpreendeu Rose ao falar com tanta calma.

– Por que vocês insistem tanto nisso? – Maria exasperou-se.

– Você mesma viu como ele fala, com desenvoltura.

– Ele é uma criança! – Maria olhou para o filho que dormia. – Apenas uma criança...

– E você é médica. Uma cientista. Considere os fatos! Você conhece seu filho e sabe que isso não é fruto da imaginação dele – Rose interveio, serena.

– Não sei como isso pode ser possível... não pode ser...

– Pode, sim. – Rose segurava a mão da médica. – Você já teve a oportunidade de conhecer um pouquinho sobre a vida que vem depois que se morre. Não pode fingir mais que não conhece o assunto. Talvez, entendendo melhor o que aconteceu em outra existência, possa ajudar mais seu filho.

– Eu faria qualquer coisa para salvar meu filho. Daria a minha vida para salvar a dele!

– Então acompanhe meu raciocínio. No Espiritismo, desenvolvemos a fé raciocinada, baseada no conhecimento, na lógica. Não acreditamos em superstições. Repare: por que você sonha com uma criança que não é sua, tem medo de perdê-la, e nesta existência seu filho diz já ter vivido como filho de outra mulher, e você parece ter o mesmo medo?

Maria ficou boquiaberta, sem saber o que dizer. Nunca pensara em relacionar os dois casos, mas isso fazia todo o sentido. Mas não queria admitir que sentia medo de Géli tomar seu filho, por mais que soubesse que isso não era possível.

– Pense, querida – Rose prosseguiu. – A situação está se repetindo. E sabe por que as situações se repetem? Porque não aprendemos a lição ensinada pela vida.

Géli ouvia Rose atentamente, mas também não despregava os olhos de Maria.

– Não posso falar sobre algo que não faz sentido para mim, principalmente um sonho! Nada disso faz sentido! Desculpe, mas não posso fazer de conta que entendo essas coisas, porque não é fácil! – Maria olhava para o filho, que continuava dormindo.

– Concordo que você não entenda, mas não pode negar que há algo aqui que precisa ser compreendido. E fazer de conta que não está vendo não fará esse algo desaparecer.

– Maria... – Géli tocou o braço da médica –, abra seu coração e sua mente. Tenha paciência, para que possamos entender tudo. Talvez isso seja bom para seu filho.

Maria levantou a cabeça. Géli referira-se a Pedro como "seu filho"... Naquele momento, ela lhe pareceu mais desprendida, mais sincera, e até mais humilde. Aquilo a levou a baixar a guarda.

– Está bem. O que vocês querem que eu faça?

– Deixe a criança fluir com suas lembranças. – Rose sorria para as duas médicas. – O tempo mostrará o caminho.

Géli olhava agradecida para Maria, que ainda parecia um pouco sem jeito.

– Gostaria de pedir a dona Nina que conversasse mais com todos nós, inclusive com Pedro. Ela é muito especial. Vocês terão a oportunidade de descobrir isso.

– Por favor, Maria... – Géli pediu.

– Rose, quero lhe dizer que, se em algum momento eu achar que o meu filho não está bem, impedirei todas vocês de se aproximarem dele. Certo?

– Claro. Você tem todo o direito de tomar decisões sobre a vida de seu filho, e nós respeitamos isso.

– Sei que você é uma boa mãe. Só quero ajudar – disse Géli.

Maria não soube o que dizer ao ouvir as palavras da médica. Não esperava por isso. Sabia que sentia um medo inexplicável dela, mas também sabia que Géli parecia mudada, mais próxima de todos. E, sem dúvida, o drama com o pequeno Pedro as unira.

As três ficaram ali, paradas e em silêncio, a velar o sono do pequeno e frágil Pedro.

Maria cochilou por uma hora, ao lado do filho, e acordou sobressaltada. Lembrou-se de ter sonhado aquele mesmo sonho. Não conseguia entender a situação, mas precisava admitir que aquela história fazia sentido.

Decidiu conversar primeiro com Viviane, para ouvir sua opinião. Só depois aceitaria conversar com Rose e com dona Nina, e permitir que elas conversassem com o filho.

Quando Pedro acordou, Maria chamou o marido para levá-los para casa. André não entendeu o porquê de eles estarem na casa de Géli, e Maria viu que era hora de explicar-lhe a estranha história do filho.

Capítulo 30
Mistérios

Maria contou os últimos acontecimentos para André e notou, perplexa, que o marido não se mostrara tão surpreso quanto ela esperava.

– Você entendeu tudo, André?

– Sim, minha querida, entendi.

– E o que pensa a respeito?

– Acho que não conhecemos bem os mistérios de Deus. – André sorriu. – A reencarnação pode ser possível, como há tanta coisa possível no mundo.

– Mas, como católicos, aprendemos algo bem diferente.

– A religião é uma escolha do ser humano, mas Deus é só um. Você já viu quantas religiões há no mundo? Uma acredita nisso, outras não... Por que a nossa é que tem que estar certa?

– Você fala de um jeito tão simples... É como se tudo fosse assim, realmente simples!

– Meu amor, como negar os fatos? Como lutar contra tudo que você tem visto?

– Pensei que você fosse se rebelar....

– Querida, só sabemos uma coisa da vida: que ela tem começo e fim. Há muita coisa que não conseguimos explicar. E o que você me contou sobre Pedro explica tudo o que ele sempre falou. As coisas fazem sentido, agora, não acha?

– Não sei, querido. Não consigo ver dessa maneira. Eu realmente não sei.

– E como você vê isso, querida?

– Às vezes me parece tão absurdo...

– Já conversei com algumas pessoas a respeito da reencarnação, e todas me pareceram bem coerentes.

– Eu nunca tinha presenciado nada disso, André.

– Então, meu amor, vamos procurar aprender, para tentar ajudar nosso filho.

– Mas eu tenho medo!

– Medo de quê?

– Eu não sei... acho que é da Géli... acho que ela quer tirar meu filho de mim! – Sentiu vergonha do que disse assim que fechou a boca.

– Como ela poderia fazer isso? Esse é o maior absurdo que alguém pode imaginar. – André sorriu.

– Acho que eu fico meio irracional quando o assunto é o Pedro.

– Então, minha querida, vamos raciocinar! Géli é apenas amiga de nosso filho. *Nós* somos os pais. Lembra quando ele nasceu?

Maria sorriu ao lembrar-se dos detalhes do nascimento do filho, da ansiedade do marido e da família, de como Pedro era mimado por todos.

– Não existe outra mãe para ele, nem outro pai, além de nós dois.

– Eu sei, André, mas... quando o vejo com Géli, fico incomodada. Parece que ela conseguirá tirá-lo de mim.

– Nosso filho sabe quem são os seus pais. Não há o que temer. Você não deve se preocupar com isso, porque Pedro é nosso e ninguém vai tirá-lo de nós. Ninguém.

Maria observou o marido falando daquele jeito e lembrou-se de seu sonho, durante o qual um homem lhe dizia, ao lhe entregar o bebê, que aquela criança, a partir daquele momento, era só deles, e que ninguém poderia dizer o contrário. Lembrava que ficava com medo de a verdadeira mãe do menino aparecer para levá-lo, mas isso nunca acontecia. Maria não sabia como aquela história terminava.

André a tirou de seus pensamentos:

– Precisamos fazer o melhor por nosso filho.

Maria aceitou o abraço do marido. Era tudo de que necessitava, naquele momento.

Capítulo 31
Doador

Géli chegou em casa cansada, triste. Sabia que o tempo de Pedro estava acabando, e nada de encontrar um doador de medula para o menino. Via o desespero mal disfarçado de Maria e procurava transmitir-lhe esperança, mas no fundo ambas sabiam das dificuldades dessa busca.

Na casa de Géli, Rodolfo esperava ansioso pelas últimas notícias do menino. Quando a viu chegar, percebeu que ela não estava bem. Aguardou que a esposa falasse. No entanto, ela permanecia calada e pensativa.

Géli mantinha o marido a par de tudo, e Rose também conversava com ele, para tirar suas dúvidas. Mas Rodolfo ainda sentia uma certa desconfiança. Na verdade, tinha medo de que a esposa visse naquele menino uma saída para sua dor, e temia que aquilo tomasse proporções incontroláveis.

Géli rompeu o silêncio:

– Pedro não está muito bem. A quimioterapia não deu bons resultados. Maria quer tentar o transplante, mas sabemos da dificuldade de conseguir um doador para esses casos.

– Por que essa dificuldade?

– É mais complicado do que uma simples doação de sangue. É muito difícil encontrar doadores compatíveis. Precisamos fazer testes para verificar a histocompatibilidade, por causa da rejeição.

– Esses testes são demorados?

– Não. Até que são bem rápidos.

– E como ele é feito? – Rodolfo parecia bem interessado.

– O doador retira um pouco de sangue, para os exames. O problema é encontrar a compatibilidade...

– Mas eles vão continuar tentando, não?

– Creio que sim. – Géli parecia desanimada.

– Minha querida, vamos acreditar em Deus e pedir que Ele olhe por essa criança. – Rodolfo a abraçou. – Vai dar tudo certo, você verá!

Géli olhou para o marido como se visse um ser de outro planeta. Sabia que quem não era médico não tinha a verdadeira noção da real situação de uma criança com leucemia que necessitava de um transplante para sobreviver. E naquele momento quase desejou não ser médica, para ter a esperança que os leigos tinham.

Quando Géli acordou, pela manhã, o marido já tinha saído de casa. A empregada informou que ele nem sequer tomara o café da manhã, apesar de a mesa já estar arrumada.

MEU FILHO VOLTOU!

Ela chegou cedo ao hospital, procurou Maria, mas soube que a médica ainda não aparecera. Encontrou Viviane no corredor, e ela pediu-lhe que a acompanhasse até sua sala.

— Estou muito preocupada com Maria. Minha querida, o que você acha disso tudo?

— Nós somos médicas, Viviane. Sabemos como esse caso pode acabar, infelizmente.

— Percebo que você também sofre com isso. E a entendo.

— Entende?

— Sim. Sei o que acontece com vocês.

— Como assim? — Géli parecia não entender o que a outra falava.

— Maria me contou sobre as lembranças do filho, e como elas têm relação com você.

— Não sei direito o que isso significa... — Géli sentia medo de falar. Não sabia se podia confiar na colega.

— Pode confiar em mim. — Viviane pareceu ler o pensamento da outra.

— O que Maria lhe contou?

— Ela falou sobre o afeto que o filho tem por você, de como ele se comporta quando a vê. Achei muito bonito isso que lhes aconteceu. Vocês foram presenteadas por Deus.

— Pedro está muito doente e talvez não sobreviva. E, se for assim, o que será de Maria?

Viviane emocionou-se ao ver como Géli se referira a Maria. Notou que o caminho que a vida tomara, apesar de tortuoso, dava o fruto necessário. Existia uma relação de amizade muito

185

bonita entre as duas, agora, o que ninguém poderia imaginar no início, quando Maria chegou ao hospital.

— Precisamos ter esperança, sempre! Lembre-se disso. Eu acredito em milagres! — Viviane sorria. — Você não?

— Eu já não sei de muita coisa...

— Vamos esperar em Deus, querida... Vamos esperar em Deus.

Capítulo 32
"Arco-íris"

Rodolfo entrou na igreja vazia e sentou-se na primeira fila, próximo ao altar. Ficou observando as imagens e lembrou que sempre se perguntava se Jesus teria mesmo aquele rosto tão perfeito. Sorriu. Depois, ajoelhou-se e começou a falar baixinho:

– Jesus, sei que você deve estar surpreso de me ver aqui... – Sorriu das próprias palavras. – Quero conversar um pouco. Sabe, sofri muito quando nosso filho morreu, e nem sei ainda se me conformei com isso. Apenas sei que procuro não pensar, pois acho que não é justo, e aí entro em um campo que nem conheço direito.

"Não pude enterrar meu filho, não pude amparar minha esposa, não pude chorar minha dor, e, se eu tivesse um inimigo terrível, não desejaria a ele passar o que nós passamos. Hoje, fui ao hospital retirar sangue para ver se posso doar parte de minha medula àquela criança. Sei que é difícil ajudar, mas daria minha vida para ter meu filho de volta. Sei que isso não é mais possível, mas sei que você gosta de fazer milagres... – Tentou sorrir para a imagem no altar.

Então, vim aqui lhe pedir: salve essa criança. Me perdoe ser egoísta, mas peço isso por Géli. Vejo quanto ela está sofrendo e faria qualquer coisa para não vê-la ter outra perda. Ela é muito apegada a esse menino.

Não entendo muito bem as coisas que Rose diz, mas uma coisa eu sei: Géli ama esse menino, e é a única coisa que importa, porque acredito que esse amor pode diminuir a dor que ela sente. E isso é tudo que eu quero: que ela pare de sofrer.

Talvez eu esteja pedindo muito, mas não me custa tentar, cara... desculpe... Jesus. De todo modo, agradeço, porque Géli pôde sentir de novo o amor que sentia por nosso filho. Obrigado. Amém."

Rodolfo saiu da igreja pensativo, de cabeça baixa, e nem percebeu o belo arco-íris que se formou no céu após uma rápida chuva.

Quando Rodolfo e Géli se encontraram para almoçar, em casa, a médica perguntou:

– Você saiu tão cedo, hoje... Nem tomou café. Algum problema?

– Não. Fui resolver umas coisinhas que estavam pendentes, só isso.

Géli percebeu que o marido omitia alguma coisa, mas não teve ânimo para perguntar de que se tratava. Só queria ficar quieta e almoçar em paz.

Rodolfo também falou pouco. Estava perdido em seus pensamentos, lembrando a ida à igreja. Riu de si mesmo ao pensar que tivera uma conversa com Jesus. Mas não é isso que dizem? Que nós falamos e Ele responde, mas nós é que não escutamos?

Quando Géli chegou ao hospital, à tarde, encontrou Maria chorando em sua sala. Pedro acabara de ser internado, e seu quadro clínico era delicado.

– Quem está lá com ele?

– Meu marido e Viviane.

– Vou até lá.

Géli entrou na enfermaria e encontrou Pedro quase adormecido, com o pai ao lado, segurando sua frágil mãozinha. O menino reconheceu Géli e deu-lhe um débil sorriso antes de dormir. Viviane não saía de perto dele, monitorando todos os seus sinais vitais.

– Como ele está? – Géli perguntou.

– Os sinais estão bem, mas as plaquetas têm caído muito.

– Ele... apresentou hemorragia?

– Não, mas você conhece os riscos...

Géli olhou para André, que ainda segurava a mão do filho, a cabeça baixa, a testa encostada na grade gelada do leito da criança. Naquele momento, ela gostaria de ser apenas uma médica vendo um paciente que mal conhecia, para não sentir aquela dor terrível. Conseguia ver, naquele menino, seu próprio filho, levado de um modo tão inesperado depois de um dia feliz.

Saiu da enfermaria sem dizer palavra. Foi até o estacionamento, pegou o carro e saiu. Não sabia direito para onde ia, pois não conseguia nem pensar direito. Ficava repassando mentalmente todo o tratamento, estudado meticulosamente junto com Maria. Sabia que não haviam deixado escapar nada e que tinham feito o melhor, como faziam com todas as crianças. Estava ciente de que aquele tratamento era o mais adequado, pois salvara muitos pequenos que agora levavam uma vida normal. Por que com o Pedro tinha que ser diferente? Por quê?

Só se deu conta de onde estava quando ouviu a buzina forte de outro carro, e o motorista falando qualquer coisa em tom áspero. Estacionou e desceu. Estava na curva da estrada onde seu filho morrera.

Ficou quieta, vendo os automóveis que passavam. Nem sabia direito por que estava ali. Alguns motoristas paravam, para perguntar se precisava de ajuda, mas Géli nem sequer respondia. Apenas balançava a cabeça, fazendo que não.

De repente, olhou para o céu e falou:

– Acho que você deve me odiar muito, Deus...

O céu estava límpido, de um azul claro e sem nuvens, bem diferente do dia do acidente.

– Mas eu já nem me importo com o que você sente por mim, porque eu também não sinto nada de bom por você. E sabe por quê? Porque você tirou meu filho de mim. Você me tirou meu único filho! E não venha dizer que você mandou seu único filho pra pagar por nossos pecados, porque você não é um ser humano e então não pode se comparar a nós, que somos tão fracos e imperfeitos! – gritou com raiva.

"Eu nunca vou me conformar com o que você fez! Nunca! Nunca, ouviu bem? Mas acho que você bem que podia fazer diferente agora, para que outra mãe não se afaste mais de Ti. Por favor, não leve o Pedro. Eles não merecem. Sei quanto é terrível perder um filho e não quero que eles passem por isso. Queria que você me levasse, no lugar dele. Faço qualquer coisa por esse menino, qualquer coisa! Mas não o leve embora. Maria não aguentaria. Fiz um grande esforço para não enlouquecer, mas ela... ela é tão frágil... Se o Pedro se for, como se foi o meu filho, não sei o que será de nós. Não sei, na verdade, nem se você ainda é capaz de fazer algum milagre nesse mundo..."

Géli olhou para o céu, que continuava muito azul. Não saberia dizer quanto tempo passara ali, sozinha, até ver um táxi parar ao lado de seu carro. Não reconheceu logo a mulher que desceu dele até Rose estar bem próxima de seu rosto banhado em lágrimas.

– Venha, querida. Vamos para casa.

– Não! – Géli soltou-se dos braços da prima. – Preciso voltar ao hospital!

– Você não está bem. É melhor ir para casa.

– Rose, Pedro foi internado hoje. Quero ficar perto dele.

– Está bem. Então vamos para o hospital. Deixe que eu dirija, sim?

Ela entregou as chaves docilmente para Rose. Percorreram metade do caminho em silêncio, até Géli falar:

– Não acredito mais em Deus.

– Minha querida, eu a entendo, mas sei que as coisas não são assim.

– Não são assim? Então, como são?

– É difícil entender os caminhos de Deus quando O conhecemos tão pouco. Não sabemos nada do futuro, então não sabemos o que escolher. Às vezes, somos tão egoístas... queremos alguém ao nosso lado, por mais que esse alguém esteja em sofrimento. Isso também não é justo.

– E o que é justo? Uma criança inocente ser tirada dos pais? Isso é justo?

– Só Deus sabe o que é certo. Só Deus. Nós não podemos avaliar os caminhos da vida porque, muitas vezes, não sabemos qual é a lição que precisamos aprender. Por isso devemos nos entregar ao amor de Deus.

Géli nada respondeu. Ficou observando a paisagem, como se estivesse sozinha. Rose ficou em silêncio enquanto dirigia.

Capítulo 33
Emoção

Uma semana depois, Maria estava no hospital, acompanhada do marido, tomando café, quando ouviu o telefone celular. Do outro lado da linha, uma Viviane eufórica:

– Achamos um doador!

Maria empalideceu, sem conseguir emitir palavra. André correu até ela.

– O que houve? Aconteceu alguma coisa com nosso filho? – Pegou o telefone: – Alô! Quem é?

– André, meu querido! Sou eu, Viviane. Existe um doador aqui mesmo na cidade! Venham correndo para a minha sala!

André desligou o telefone e abraçou a esposa, que chorava.

– Maria, nós conseguimos! Nosso filho vai ser salvo! Meu Deus, obrigado! Muito obrigado!

Maria permanecia muda. Deixou-se levar pela mão do marido até a sala de Viviane. Quando entraram, encontraram-na radiante, com um papel na mão.

– Entrem, entrem! Já chamei a Géli, que está vindo para cá.

Nesse momento Géli adentrou a sala, sem nem ao menos bater à porta, e quase tomou o papel da mão da outra, para ver os dados do doador.

– Géli, é um doador, não é? – Maria conseguiu, enfim, falar.

Ela leu o documento e empalideceu.

– O que foi? – Viviane parou de sorrir.

O mesmo pensamento passou pela cabeça de Maria e de Viviane: a diretora não lera o papel direito.

– Meu Deus... – Géli falou sem perceber.

– Que foi? – Maria gritou – Fale, por favor!

Maria queria tomar o papel da mão de Géli, mas tinha medo de não conseguir ler. Não estava nem raciocinando direito.

– Por favor, o que diz esse papel? – André, mais calmo, perguntou.

– O doador... – Géli balbuciou.

– É um doador, mesmo? – Maria quase chorava. – Por favor, fale...

Géli olhou para Viviane, depois para Maria, e por último para André.

– É sim, é um doador.

Maria agarrou-se ao marido:

– Meu Deus! O Senhor fez um milagre! É um milagre!

André abraçava a mulher e agradecia em silêncio pelo milagre.

Viviane correu para abraçar a amiga. Géli continuava com o papel na mão, como se não acreditasse no que via.

Só depois de passado o primeiro momento da euforia, Maria e Viviane perceberam que Géli continuava parada, olhando o documento.

– Minha querida... Está tudo bem com você?

Géli devolveu o papel para Viviane:

– Viviane, leia o nome do doador...

Viviane, pela primeira vez, leu mais atentamente.

– Rodolfo! Meu Deus! Quanta coincidência! – Viviane sorria.

Só então Maria teve coragem de pegar o documento e ler o nome impresso. Depois olhou para Géli e perguntou:

– Você tem alguma coisa a dizer sobre isso?

– Sim...

Maria, André e Viviane ficaram em completo silêncio. Nunca poderiam imaginar o que viria depois.

– Esse é o nome completo do meu marido.

– Meu Deus... – Viviane balbuciou.

Géli, como em transe, contornou a mesa de Viviane, foi até o computador e acessou o cadastro de doadores do hospital, para inserir o número impresso no papel. Os três a fitavam como se assistissem a um filme mudo.

Não levou mais do que dez segundos para aparecer na tela do computador todos os dados do doador compatível, como filiação, endereço e a data da coleta do sangue. Ninguém precisou dizer nada, pois todos viram a foto do marido de Géli no cadastro.

– Deus Pai Poderoso... – Viviane falava, com a mão no peito. – Isso é inacreditável!

– É um milagre! – Maria segurava-se no marido, pois tinha medo de cair, tamanha a emoção.

– Você sabia que seu marido era doador? – Viviane perguntou.

– Não... – Géli continuava com os olhos grudados na tela do computador.

– Temos de falar com ele.

Viviane tocou suavemente o ombro de Géli e só nesse momento ela pareceu despertar. Olhou para Viviane, depois para Maria, e dirigiu-se ao telefone.

No segundo toque, Rodolfo atendeu. Géli parecia distante ao pedir ao marido que fosse ao hospital, sem nada lhe explicar. Ele também nada perguntou. Por mais que imaginasse que o pedido de Géli tinha algo a ver com Pedro, não passou por sua cabeça o verdadeiro motivo do chamado.

Quando Rodolfo chegou à sala de Viviane, foi recebido com um abraço apertado da esposa. Ele continuava sem entender nada, e olhava, curioso, para Viviane, que lhe devolvia o olhar com um sorriso e lágrimas nos olhos, as mãos unidas em prece.

MEU FILHO VOLTOU!

– O que está acontecendo?

– Rodolfo... – Géli tinha sua voz abafada pelo peito do marido.

Viviane, refeita, enxugando as lágrimas, resolveu explicar:

– Rodolfo, meu querido, você coletou sangue para doar a medula para Pedro...

– Sim, fiz isso outro dia. Mas não quis contar nada porque era só um ato de esperança... – Ele sorriu tristemente.

– Rodolfo, aconteceu um milagre! – Viviane continuava com as mãos unidas em prece.

– Como assim?

– Seu teste de compatibilidade com o Pedro... – Viviane sorria.

– O que tem ele? – Rodolfo agora estava tenso, prendendo a respiração.

– Meu querido... você é compatível com o Pedro! – Viviane quase gritou.

– O quê?

Rodolfo segurou Géli pelos ombros e afastou-a de si para perguntar:

– O que ela está dizendo?

– É verdade, Rodolfo... – Géli disse com um fio de voz.

– Eu... posso doar parte da medula para o Pedro? É isso?

– Sim... é verdade...

– Meu Deus... isso é um milagre!

Rodolfo abraçava e beijava a mulher, que permanecia muito quieta, quase sem reagir, mas ninguém parecia perceber.

Géli pensava nas coisas que falara, na curva da estrada onde seu filho morrera. Pensava no que dissera para Deus a respeito de milagres. E agora sabia que acontecera um milagre, pois a chance de encontrar um doador para Pedro era de quase uma em um milhão. Mas Rodolfo poderia salvar o menino.

Seria uma ironia? Ele não pudera salvar o próprio filho do acidente, mas devolveria a vida a um menino já quase sem esperança.

Géli meneou a cabeça. Não sabia bem o que pensar. Só lembrava que Pedro seria salvo. Olhou o pequeno quadro, com a imagem de Cristo sorrindo, que Viviane possuía em sua sala, e pensou que já tinha visto uma imagem assim, mas não lembrava onde. Notou algo escrito no quadro e aproximou-se para ler: "Milagres acontecem". Só nesse momento ela deixou que as lágrimas rolassem por seu rosto.

– Rodolfo – Viviane quebrou o silêncio –, este é o pai de Pedro...

Os dois homens deram-se as mãos. André olhou bem fundo nos olhos de Rodolfo. Não precisaram dizer nenhuma palavra; não era necessário. Um forte abraço disse tudo entre os dois homens.

Viviane percebia que Géli chorava, olhando a imagem de Cristo. Ficou quieta, aguardando que a médica voltasse para junto dos outros. Quando Géli enxugou suas lágrimas, depois de se afastar da imagem, percebeu que todos a olhavam e sorriu, meio sem graça.

– Agora temos muito a fazer, Maria.

– É verdade. E sabemos que não será simples.

– Como assim? – Rodolfo perguntou.

– Pedro está muito debilitado. Para fazer o transplante da medula, precisamos administrar-lhe uma dose maciça de quimioterápicos – Géli respondeu.

– Mas por que mais quimioterapia? – André quis saber.

– É necessário, antes de dar-lhe a nova medula. Precisamos destruir o máximo de células sanguíneas defeituosas, para poder criar as novas células a partir da nova medula que ele receberá... – Géli explicava, já refeita.

– E eu? – Rodolfo perguntou. – Quando poderei doar a medula para o garoto?

– O mais breve possível – Viviane respondeu. – Você só precisa fazer alguns exames, enquanto preparamos o Pedro.

– Ele vai ficar bom, não é, Maria? – André indagou.

– Sim, querido. Vai sim... com a graça de Deus.

Géli olhou para a imagem do Cristo, que parecia sorrir para ela. "Milagres acontecem."

Capítulo 34
Salvação

Os procedimentos para o transplante foram rápidos. Rodolfo estava em excelentes condições de saúde, e Pedro, repentinamente, parecia ter ganho novo ânimo, apesar de não saber de nada. As condições do menino estavam melhores, suas funções mais estáveis, o que ajudava muito. A dose maciça de quimioterapia, necessária para que ele recebesse a medula nova, foi administrada, com as reações esperadas. As duas médicas sentiam-se muito otimistas com as chances do menino.

Rodolfo estava pronto para ter sua medula óssea retirada. Sabia que seria submetido a uma anestesia geral e, por mais que não demonstrasse, sentia-se um pouco incomodado com isso, pois lembrava-lhe o tempo em que ficara hospitalizado, após o acidente. Mas procurava não pensar no assunto.

Géli lhe explicara tudo. Disse-lhe que o procedimento de retirada da medula duraria em torno de uma hora e meia, que fariam várias punções no osso da bacia, e que, após a cirurgia, ele ficaria em observação, mas estaria pronto para voltar às suas atividades normais no dia seguinte.

Rodolfo ouvia tudo atentamente, procurando, de toda maneira, não deixar Géli perceber sua tensão. Queria fazer aquilo a qualquer custo, e não hesitaria, pois podia ver nos olhos da esposa o brilho da esperança.

Chegou o dia do transplante. Logo cedo Rodolfo foi preparado para a doação, e tudo correu sem problemas, dentro do que as médicas esperavam. Maria e Géli assistiram ao procedimento feito pelo doutor Mário que, ao final, olhou sorridente e confiante para as duas. Após o tratamento das células doadas, Pedro foi preparado para receber o transplante. Maria e Géli explicavam ao menino, com palavras simples, o que aconteceria, e ele apenas assentia com a cabeça, dizendo entender tudo. Não fazia perguntas, nem se mostrava surpreso.

Rodolfo acordou da anestesia e ficou em observação, monitorado pela doutora Patrícia. Como se mostrou um pouco agitado, a médica preferiu que ele dormisse um pouco. Horas depois, Rodolfo acordou, mais tranquilo.

Agora Pedro estava no isolamento da enfermaria, recebendo seu transplante. Para uma pessoa leiga, parecia apenas que ele recebia uma simples transfusão de sangue. Mas aquelas células sanguíneas eram muito especiais. Elas iriam circular no organismo do menino e alojar-se em sua medula óssea, para originar novas células, saudáveis, e não mais as causadoras da leucemia.

Terminada a transfusão, Pedro continuaria internado no isolamento, para evitar infecções ou viroses, além de hemorragias, pois as novas células ainda não podiam defender o organismo do menino. Isso só deveria acontecer depois de mais ou menos três semanas, quando as novas células estariam prontas para funcionar.

Pedro dormia tranquilamente. Maria estava sozinha com o filho, ainda no isolamento. Aos poucos foi vencida pelo cansaço, e adormeceu.

O menino estava doente, não queria comer nada. A mulher não sabia mais o que fazer com ele. O marido, senhor das terras, estava em uma caçada, e só deveria voltar em dois dias. A mulher, sentindo-se impotente, descarregava sua frustração nos criados, humilhando e maltratando-os. Os criados sentiam medo dela e do marido, que era ainda mais perverso. Todos sabiam que eles haviam tomado aquela criança da filha de antigos criados do castelo, que depois foram mandados para bem longe dali; lembravam como o senhor seduzira a moça apenas para que ela lhe desse um filho, pois a esposa não podia tê-lo.

A criança piorava a olhos vistos, e a criada mais antiga da casa falou à senhora que deviam chamar a verdadeira mãe da criança. A mulher enfureceu-se e bateu na criada, gritando que a verdadeira mãe da criança era ela, e que se alguém repetisse aquele absurdo, seria surrado até a morte.

Quando o senhor do castelo chegou, encontrou a esposa chorando sobre o corpo sem vida do menino. O homem sentiu uma grande dor, pois aquele menino era seu filho legítimo. Lembrou-se de tudo que fez para tirá-lo da verdadeira mãe, de como ameaçara os pais da moça para que nunca se aproximassem daquela criança, que agora estava sem vida. De nada adiantaram sua fortuna e suas ameaças. O menino se fora. Não pertencia a mais ninguém.

Depois do enterro, a mulher estava no pomar do castelo, junto com uma criada, quando percebeu que alguém as observava. Mandou a criada ver quem era e ficou aborrecida porque ela demorava a trazer a resposta. Resolveu ir até o local. Duas mulheres falavam ao mesmo tempo; a criada tentava conter a outra, que parecia enlouquecida. A senhora do castelo achou que conhecia aquela mulher.

– Géli! – Maria gritou.

Acordou e lembrou-se de todo o sonho. Eram elas! Maria e Géli! Agora entendia tudo. Sabia que aquelas duas mulheres do sonho eram ela e Géli, vivendo em outro tempo. Não! Não podia ser! Era loucura! De repente, lembrou das palavras de Pedro, na casa de Géli. O menino dissera que elas parassem de brigar por ele, e que ninguém podia ser dono de ninguém.

Aquilo não podia ser verdade! Porque, se fosse, significava que ela tomara o filho de Géli. Que ela e o marido, um homem muito ruim, usaram aquela pobre mulher para ficar com uma criança que não era sua. Impediram que aquela mãe ficasse com seu filho. Não podia ser!

– Meu Deus... O que faço agora? Não pode ser...

– O que não pode ser, minha querida?

Era Viviane, que chegara sem fazer barulho. Viu que Pedro dormia profundamente e olhou para Maria, franzindo a testa ao ouvi-la dizer a última frase.

– Viviane, preciso conversar.

– Estou aqui, querida. Espero poder ajudar.

– Você vai achar que estou louca, mas...

Viviane sorriu.

– E por que eu acharia isso?

– O que eu vou falar é tão... tão absurdo!

– Tem a ver com Pedro?

– Sim... Não! Viviane, ele está tão bem, não é? Agradeço a Deus a todo instante pela saúde do meu filho.

– É verdade, querida. Devemos agradecer sempre.

Maria respirou fundo, acariciou o rostinho do filho e voltou-se para Viviane:

– Tenho uns sonhos, Viviane. Não sei exatamente o que significam...

Viviane ouvia atentamente. No ambiente do isolamento do hospital, na penumbra, aquela história parecia mais fantástica ainda.

Maria contou o que se lembrava dos sonhos que já tivera. E de como acordava pensando que teriam alguma relação com Géli. Falou do que Pedro dissera na casa da médica e, por fim, contou o sonho que acabara de ter, quando reconheceu Géli na mulher que gritava enlouquecida.

Viviane esperou o relato terminar e serviu à outra um copo com água. Maria a fitava, ansiosa, na esperança de que a médica esclarecesse tudo aquilo.

— Maria, sei que vocês foram educadas na fé católica, mas parece que precisam rever certos conceitos.

— Como assim?

— Veja: você tem esses sonhos, seu filho tem lembranças do acidente que o filho de Géli sofreu. Você realmente acredita que isso seja apenas coincidência?

Maria balançou a cabeça negativamente.

— O que faço? Se eu era aquela mulher que tomou o filho da outra... Meu Deus... isso é um horror... — Maria escondeu o rosto nas mãos.

— Você ainda precisa aprender muito sobre isso. Não deve se condenar por ter cometido um erro em outra existência.

— Mas o que eu fiz foi horrível!

— Não é assim que funciona. Você cometeu um erro, e erros devem ser consertados.

— O que devo fazer? Conversar com Géli? Dizer-lhe que roubei seu filho?

— Não, minha querida. Procure se acalmar, para raciocinar melhor.

— Não sei o que fazer, Viviane.

— Na verdade, não há nada a ser feito. Nem por você, nem por ninguém.

Maria levantou a cabeça e fitou Viviane. Achou que não ouvira direito o que a médica dissera.

– Não entendo...

– Seus sonhos, Maria, referem-se a outra era. Não fazem parte da sua realidade, do agora. Apenas serviu para melhorar seu aprendizado.

– Como assim?

– Se não fossem os seus sonhos, você talvez achasse que Géli enlouquecera por ter perdido o filho... e talvez apenas procurasse manter Pedro bem longe dela, por não entender o que realmente se passava.

"Enquanto seu filho apenas contava histórias, você não se importou muito com isso. Mas, quando ele adoeceu, viu que precisava ir além, para entender o que dizia respeito a ele, pelo medo de perdê-lo. Aceitou tudo, e talvez aceitasse até perdê-lo para Géli, desde que ele ficasse vivo."

Maria ouvia Viviane, mas não parecia entender tudo. Apenas algumas palavras ficavam como que impressas em seu cérebro, como perder seu filho para Géli.

– Você quer dizer que Pedro pode querer ficar com Géli?

– Minha querida! – Viviane riu. – Você parece entender menos disso do que seu filho! Ou não se lembra de que ele mesmo já lhes explicou tudo?

Maria apenas balançou a cabeça. Depois deixou-se cair na poltrona, cansada. Precisava de tempo para digerir tudo aquilo. E para saber como conversar com Géli. Não sabia direito sobre o quê, mas sabia que precisava conversar com a médica.

Capítulo 35
Perdão

O telefone da casa de Géli tocou. Era Rose, oferecendo-se para um café.

– Claro, Rose! Pode vir. – Géli estava alegre.

– Posso levar uma pessoa?

– Claro que sim.

– Estaremos aí em quinze minutos.

Géli desligou o telefone e pediu à empregada que arrumasse a mesa para três pessoas.

Quando Rose chegou, acompanhada de dona Nina, Géli ficou surpresa, mas não demonstrou. Durante o café falaram sobre a recuperação de Pedro, e de como todos estavam felizes por isso.

Apesar de a médica não comentar, Rose e Nina perceberam que ela estava curiosa com a visita de ambas.

– Pedi à dona Nina que viesse comigo porque achei que você quisesse saber de algumas coisas – Rose explicou.

– Que coisas?

– Aquelas sobre as quais Pedro lhe falou. Talvez você quisesse saber o porquê de tudo isso.

– Não sei o que pensar...

– É assim mesmo, filha... – Dona Nina sorria para a médica. – Se você permitir, posso lhe contar algumas coisas.

Géli olhou para Rose, como a pedir ajuda, e recebeu um sorriso encorajador da prima.

– Está bem – respondeu.

– Quando você perdeu seu filho, foi cumprido um programa de Deus. Infelizmente, minha querida, nós ainda precisamos sentir a dor para aprender.

Géli olhava para Nina como se ela falasse grego. A médium sorriu da expressão da médica.

– Talvez você não se recorde de outras existências, mas, ao menino, isso foi permitido, para que ele a ajudasse, e à outra moça. Ele se lembrou de você assim que a viu. Isso era importante para que vocês se reconciliassem.

– Quem precisava se reconciliar?

– Você e a outra moça, minha filha. Como você já deve ter ouvido, essa história é antiga. Vocês duas já disputaram essa mesma criança em outros tempos, e nem sempre como um filho muito amado. Outras vezes disputaram o amor de um homem, e talvez isso possa explicar a antipatia instantânea que uma sentiu pela outra, no início.

– Confesso que no começo não gostei de Maria. Achei o jeito dela meio de vítima e não gostei disso. Mas depois, com tudo o que aconteceu, vi que ela era uma boa mãe, e que se importava com o filho. Passei a admirar seu jeito, e vi que ela não era fraca, nem vítima.

– É exatamente isso que você precisa entender, minha filha. Nessa história, não há vítimas. Tudo aconteceu como deveria ter acontecido. Agora, vocês precisam alimentar essa amizade que nasceu graças ao menino, para que essa lição seja assimilada.

– Eu não entendo o que a senhora diz. – Géli tentou sorrir, como a se desculpar.

– Minha filha, acredita que o menino pode ser seu filho?

Géli estremeceu:

– Sim, acredito.

– Mas também sabe que ele é filho da outra moça, não?

– Sim... – Géli tinha vontade de chorar.

– Essa é a lição que deve ser aprendida: o amor que salva não pode ser acorrentado, como vocês duas quiseram fazer um dia. Você perdeu seu filho e a outra moça quase perdeu o dela. Quando vocês se uniram, ele pôde ser salvo.

Rose passou os braços ao redor da prima e depositou-lhe um beijo na fronte esquerda. Géli a fitou como se não a reconhecesse.

– Esqueça o passado, minha filha. Lembre-se de que o perdão eleva.

– O que tenho que perdoar?

– Não sabemos, filha. Talvez seja você que deva pedir perdão.

Géli lembrou o dia em que voltou à estrada onde seu filho morrera e das coisas que falara antes que Rose chegasse para levá-la de volta ao hospital. Lembrou que dissera não acreditar mais em milagres, mas tinha convicção de que Deus operara um milagre ao dar a Pedro um doador, Rodolfo.

– Filha, o perdão tem o mesmo peso para quem pede e para quem dá. É uma forma sublime, divina... e muito necessária para nós, fracos e imperfeitos seres humanos.

Géli olhou vivamente para dona Nina. Parecia que aquela senhora tinha o poder de ler seus pensamentos.

Maria pensava em sua conversa com Viviane. Era muito difícil não se sentir culpada. Podia lembrar-se de cada detalhe do sonho, e sabia que era aquela mulher má, que maltratava a todos, e não tinha o menor escrúpulo em usar ou abusar de alguém.

Mas numa coisa Viviane tinha razão: aquilo fazia parte de um passado distante, muito distante. Não sabia quanto tempo antes aquilo acontecera, mas sabia que sua índole não era essa. Sempre fora justa e correta com todos. Viviane dissera que ela aprendera esses valores em uma outra vida, antes dessa.

Maria não sabia como se comportar com Géli. Estava temerosa do que poderia acontecer entre as duas. Sabia que tudo o que tinham vivido, com a doença de Pedro, fizera com que se aproximassem, mas não saberia dizer se uma amizade as unia, ou se apenas uma criança.

Não imaginava o que esperar de Géli. Até riu de seus pensamentos. Viveram outra vida? Poderia dizer que sim, mas nem ela mesma lembrava muita coisa, além dos sonhos. No último, reconhecera Géli como a mulher que teve seu filho roubado pelo seu marido, o senhor das terras. Só não sabia o que isso tudo significava.

Também não sabia o que dizer para Géli. Viviane a aconselhara a não tocar no assunto, pois a médica não tinha aquelas informações sobre os acontecimentos passados. Maria achava aquilo errado. Sentia-se culpada pelo que causara e gostaria de, ao menos, desculpar-se, dizer que nunca faria isso, de modo algum. Mas... o que Géli diria? Talvez se achasse com direito sobre Pedro. Não! Precisava parar de pensar naquele absurdo. Essa ideia era fruto de seu antigo medo irracional de Géli, quando imaginava que a chefe teria algum estranho poder sobre seu filho.

Capítulo 36
Recuperação

Pedro continuava no hospital. Maria e Géli não queriam arriscar. Todos praticamente moravam ali, pois apenas os maridos das duas saíam para seus trabalhos, mas voltavam logo que cumpriam suas obrigações. Maria e Géli quase nunca deixavam o hospital, revezando-se no acompanhamento de Pedro, que reagia muito bem a tudo.

Maria estava com o filho quando Géli entrou com o resultado do último exame de sangue de Pedro.

– Então? – Maria perguntou, tensa.

– Continua subindo... – Géli sorria, feliz. – Agora já está em cinquenta e oito mil plaquetas...

– Graças a Deus! – Maria soltou o ar preso nos pulmões.

– Sim... – Géli disse, meio sem graça.

Maria percebeu o mau jeito de Géli e perguntou:

– O que houve? Algum problema?

– Não... – Géli respondeu, sem encarar Maria.

– Posso lhe pedir um favor?

– Claro.

– Gostaria que você trouxesse aquela senhora aqui.

– Dona Nina?

– Sim. Por favor. – Maria sorria docemente.

Géli a fitou sem nada falar e saiu do isolamento.

Maria não sabia bem por que pedira para falar com Nina. Talvez sentisse que era seu dever desfazer todas as dúvidas, e sentia que era a única que podia fazer isso. Géli não conhecia o passado. Então só lhe restava tomar a iniciativa. Não sabia o que aconteceria, mas queria muito dar esse passo. Por seu filho, por Géli, e principalmente por sua própria consciência.

Dois dias depois, dona Nina chegou ao hospital, acompanhada de Rose. Maria não tinha pensado mais no assunto e levou um susto ao ver as duas do lado de fora do vidro. Pedro dormia profundamente e Maria achou que poderiam conversar melhor na sala de Viviane.

Maria e Géli pediram à enfermeira do plantão que ficasse com o menino, e foram as quatro para a sala da diretora.

Viviane ficou surpresa ao vê-las juntas, mas sabia que aquela conversa era necessária para Maria e Géli; principalmente para Maria. Fez menção de sair da sala, para deixá-las mais à vontade, mas Maria pediu-lhe que ficasse. Sentia-se mais segura com Viviane por perto.

Dona Nina quebrou o silêncio:

– Minha filha, obrigada por esse seu gesto.

– Quando falei com vocês, meses atrás, não imaginava quanta coisa ia mudar na minha vida. Hoje meu filho está se recuperando, graças aos nossos esforços, meu e da Géli, assim como ao milagre que Deus permitiu, ao enviar Rodolfo como o doador da medula, coisa que nem de longe poderíamos sonhar.

Géli olhava para Maria, sem imaginar por que ela falava tudo aquilo.

– Meu filho demonstrou, várias vezes, que tinha uma relação muito forte com Géli. Eu não queria aceitar, porque tinha um medo irracional dela...

Maria sorriu para Géli, que parecia confusa ao ouvir aquilo.

– Hoje eu sei que os laços que os unem são de outra existência. Não entendo bem isso, mas acredito que seja assim.

Géli enxugou uma lágrima furtiva.

– E, se esse laço não existisse antes, agora ele existiria, porque...

Maria calou-se. Géli olhava para ela como se não esperasse que ela parasse.

– Porque nossas vidas se cruzaram... de tal maneira... que já não há como nos separar. – Maria tinha a voz embargada.

Géli continuava calada. Rose sorria, emocionada. Viviane fazia uma oração em silêncio.

*

– Vocês duas são muito corajosas – disse Nina. – Passaram por provas muito difíceis e conseguiram superá-las. Agora, minhas filhas, sigam em frente, esqueçam o que passou, pois já não há o que perdoar. Ambas erraram, mas isso faz parte de um passado longínquo.

– Eu não entendo... – Géli comentou. – Do que a senhora fala?

Maria prendeu a respiração. Era disso que tinha medo. De ter de explicar a Géli a maldade que ela e o marido lhe fizeram, ao tirar-lhe o filho recém-nascido. Agora eram amigas. Maria não gostaria de sentir-se mais culpada por tudo, e seu medo maior era que Géli se revoltasse. Sabia que a médica hoje era uma pessoa serena e não gostaria que isso mudasse.

– Minha filha... – Nina tocou o braço de Géli –, a cada um é oferecida a oportunidade de reparar os erros de outras vidas. Vocês tiveram a oportunidade de reparar erros e salvar uma vida. Isso é o mais importante. Devem olhar para o futuro e agradecer ao Altíssimo pelo milagre concedido.

Maria olhava, agradecida, para Nina. Géli fitava a mulher docilmente. Lembrava-se da primeira vez que a vira, no auge de sua dor. De como as palavras daquela senhora tocaram-na profundamente. E agora não era diferente. Só queria ter a oportunidade de continuar amando seu filho, fosse ele quem fosse.

Capítulo 37
Segredo

Pedro acordou pela manhã e viu Géli ao lado do leito, observando-o.

– Bom dia, meu querido!

– Gegê... quando vou sair desse lugar? – ele perguntou, meio aborrecido.

– Assim que sua mãe e eu decidirmos que você não corre mais nenhum risco, certo?

Pedro também sorriu. Um sorriso de pura felicidade.

– Gegê... agora vocês duas não brigam mais, não é?

Géli não esperava por aquilo e ficou sem resposta.

– Quero lhe contar um segredo... mas você não conta para a mamãe não, está bem?

Géli não sabia o que dizer. Sentia-se quase uma intrusa naquele momento, como se estivesse traindo a confiança de Maria. Mas talvez fosse só uma brincadeira de criança.

216

– Está certo, Pedro. Não conto. Qual é o segredo?

– Eu sei por que vocês duas brigavam.

Géli sorriu aliviada. Era apenas isso.

– Eu ainda lembro, Gegê...

– Eu sei que você lembra, meu querido, mas isso já passou. – Géli acariciava a bochecha gorducha do menino.

– Então você não vai ficar mais com raiva dela? – Pedro parecia surpreso.

– Claro que não! – Géli sorria ao ver os olhinhos arregalados da criança. – Agora vamos tratar de comer, senão...

O menino fez cara de amuado, mas era só charme para a médica fazer-lhe mais carinho na bochecha.

Maria ouviu a conversa de Pedro com Géli e não pôde evitar o medo. Aprendera, com Viviane, que uma pessoa podia lembrar-se de várias vidas passadas. E se Pedro fosse realmente o menino que, ao nascer, fora retirado da mãe, como ela vira nos sonhos? Não havia como saber, mas assim mesmo Maria sentia esse medo. Não queria que nada acabasse com a harmonia que existia entre ela e a outra médica.

Géli deixou Pedro aos cuidados da enfermeira e encontrou Maria ao sair do isolamento.

– Acho que já podemos deixá-lo na enfermaria infantil. Lá, em companhia de outras crianças, ele vai se sentir melhor.

– É, acho que você tem razão. Podemos transferi-lo amanhã... Que tal?

– Combinado. – Géli virou-se para sair.

– Géli?

– O que foi?

– Eu... – Maria não sabia direito como começar. – Quero lhe dizer que serei eternamente grata por tudo que você e seu marido fizeram pelo Pedro.

Géli sorriu.

– Sabe, Maria, meu marido não pôde salvar seu próprio filho, naquele acidente absurdo, mas pôde salvar o Pedro. Então, acho que a Rose tem razão quando diz que são os caminhos que Deus escolhe...

Maria apenas ouvia o que Géli falava, a cabeça fervilhando com essas ideias.

– Talvez – Géli continuou – Rodolfo tivesse alguma dívida com seu filho. Não é assim que Rose fala? Ao menos posso ver o Pedro bem, e saber que ele tem a essência do meu filho, do João.

Maria sentiu um arrepio percorrer todo o seu corpo.

– Muitas coisas nele me lembram meu filho. O sorriso, o modo como me chama... Gegê... sabe por que ele me chamava assim?

Maria balançou a cabeça, negativamente.

– Meu marido achava que ele não conseguiria falar meu nome, por ser difícil... – Géli sorriu ao lembrar. – Então dizia para o João: "Mamãe é a Gegê". Aí ele passou a me chamar assim. Raramente me chamava de mamãe. Mas nunca me importei. Sentia que não podia exigir isso dele, não sei por quê...

Maria ouvia atentamente. Queria falar sobre seus sonhos, mas não tinha coragem. Receava a reação da médica. Tentava deixar Géli o mais próxima possível de Pedro. Talvez assim eles pudessem ter novamente o laço que fora rompido.

No dia seguinte, Pedro foi transferido para a enfermaria infantil, onde estavam três meninos em tratamento de quimioterapia. Um deles tagarelava muito, e Pedro o ouvia, bem quietinho, como se há muito não ouvisse um som igual. Maria percebeu o interesse do filho e olhou sorridente para Géli, que lhe piscou um olho em resposta.

Ao final da tarde, Rodolfo chegou ao hospital para visitar Pedro. O menino ficava tímido na frente dele e ninguém sabia explicar o porquê. Mas todos procuravam agir da maneira mais natural possível.

— E aí, campeão? Como está se sentindo hoje? — Rodolfo sorria para o garoto.

— Estou bem... — Pedro respondeu, olhando as próprias mãos.

Maria observava o diálogo, sem querer intervir. Géli também ouvia calada.

— Aqui é bem melhor, não? — Rodolfo se esforçava para chamar a atenção do garoto.

— É... — Pedro enrolava a ponta do lençol no dedo, ainda sem olhar para Rodolfo.

O marido de Géli olhava para a médica, pedindo ajuda. Maria interveio:

– Pedro, o tio Rodolfo é marido da Géli....

– Eu sei, mamãe... – Pedro continuava de cabeça baixa.

– Tudo bem... – Rodolfo também parecia pouco à vontade com a situação. – Ele ainda está se recuperando... é natural.

Géli assistia a tudo calada. Não sabia como lidar com a situação. Não entendia por que o menino não demonstrava a mesma intimidade que tinha com ela, mas também sabia que era muita coisa para a cabecinha dele, no momento.

– Rodolfo – chamou –, vamos sair um pouquinho?

Pedro levantou a cabeça para olhar Géli, como se achasse que ela iria embora, mas nada falou. A médica sorriu para o menino e saiu da enfermaria com o marido.

Do lado de fora, Rodolfo perguntou:

– Por que será que ele age assim comigo?

– Eu não sei...

– Parece que ele não gosta de mim.

Géli sorriu

– Mas, querido, ele mal o conhece!

– Se for como a Rose falou...

Géli entendia o que o marido pensava, mas não era a pessoa mais indicada para explicar essas coisas. Ainda tinha muitas dúvidas.

Antes de Rodolfo ir para casa, Rose chegou para visitar Pedro, e encontrou o menino quieto, pensativo.

– Olá, grandão! – Sorriu, fazendo festa na cabecinha que já apresentava um pouco de cabelo.

Pedro gostava de Rose, mas não demonstrava nenhuma lembrança em relação a ela. Ela percebeu que o menino estava pensativo.

– Que foi, Pedro?

– Nada não...

– É o marido da Géli, não é? – Rose sorria para Pedro, que levantou a cabeça ao ouvi-la.

– Eu não sei.

– O que você não sabe?

– Eu não sei direito se gosto dele...

– E por que você tem de gostar dele?

– O anjo disse... ele disse que devemos amar e perdoar todas as pessoas que um dia nos fizeram mal...

– Sei, Pedro. Devemos perdoar, sempre, assim como Jesus perdoou os homens que o maltrataram.

– Eu sei, mas ele era muito mau. Eu me lembro...

– De que você se lembra?

– De quando ele tomou o garotinho da mãe, e deu para outra mulher... eu ainda me lembro...

– Mas isso já passou, querido. Faz muito tempo... tanto tempo que ninguém se lembra mais, garanto.

Pedro olhou para Rose como se não acreditasse no que ela dizia.

– Mas... eu me lembro!

– Certo, mas hoje Rodolfo não é mau. Ajuda as pessoas, e tenho certeza de que não faria mais isso que você falou.

– Você acha? – Pedro estava pensativo.

– Acho, sim, querido.

Rose acariciava a cabecinha do menino, que ficou quieto até adormecer. Agora, sozinha e em silêncio, ela podia analisar o que Pedro dissera sobre as outras lembranças. Realmente, parecia que ele recordava uma outra existência, a mesma da época dos sonhos de Maria.

Do lado de fora da enfermaria, Géli e o marido olhavam o menino adormecer.

Capítulo 38
Passado

Maria observava o jeito de Géli com seu filho. Já não sentia medo e sim uma certa culpa, por não ter coragem de conversar sobre o sonho em que via a amiga como a mulher que teve seu filho roubado. Temia a reação da amiga, receava que ela voltasse a ser a pessoa amarga de antes.

Géli analisava os últimos exames de Pedro. Maria apenas a observava, com uma expressão de curiosidade.

– Algum problema? – Géli perguntou, sorrindo.

– Não, nada.

Géli olhou para a médica e continuou lendo os exames, como se soubesse que ela queria dizer algo.

– Géli, eu... quase perdi meu filho, e você... foi muito importante nessa batalha que travamos contra a doença.

– Sei disso. Pedi muito pelo Pedro... Achava que você não suportaria um golpe assim, como o que eu sofri.

Maria sentiu um arrepio percorrer seu corpo. Tinha que ser agora! Precisava falar! Não podia mais se esconder. Precisava contar a verdade.

— Como você se sentiria se em outra existência eu... tivesse tomado um filho seu?

Géli ficou alerta. Maria percebeu.

— Por que diz isso?

— É que eu tive um sonho muito estranho.

— Um sonho?

— Vários sonhos. E sempre com as mesmas coisas... que eu vivo em outro tempo e que você também está lá.

Maria não parou mais de falar. Contou tudo, aos tropeções, sem parar. Era como se fizesse um expurgo, e só pudesse se deter quando não houvesse mais nada a ser dito, e pudesse sentir-se limpa.

— Maria, de onde você tirou tudo isso?

— Não sei.

Géli sorriu, meio incrédula.

— Acho que você anda muito impressionada com essas histórias de reencarnação.

— Não! Géli, falei a verdade...

— E se for mesmo verdade? O que podemos fazer? O que isso muda?

Maria esperava qualquer resposta de Géli, menos aquela. Esperava que ela gritasse, que a acusasse, ofendesse e até agredisse, mas nada disso aconteceu. Géli permanecia calma, como se evitasse contrariar uma pessoa desequilibrada.

Maria quase conseguiu rir da situação. Queria convencer a outra de que havia vida após a morte, e que ela também tivera uma experiência assim. Mas Géli parecia não querer saber muito a respeito.

– O que muda? Como assim?

– O que isso muda para mim, ou para você? Ou para seu filho?

– Eu... eu não sei...

– Sabe o que muda? Nada!

Maria a fitou, boquiaberta.

– Nada mudou, Maria... – Géli falava calmamente. – Meu filho morreu. Seu filho quase morreu, mas graças a Deus agora está bem. É só isso que importa. Não podemos mudar nada. Aquela senhora, dona Nina, falou que devemos seguir em frente, perdoar. Acho que é isso mesmo que devemos fazer.

– Perdoar...

– Isso – Géli tocou a mão de Maria. – Apenas perdoar.

– Você pode me perdoar?

– Perdoar você? Meu Deus, mas por quê? Você não me fez nada!

– Acho que fiz, sim. Em outra vida... como lhe contei.

Géli sorriu tristemente:

– Ouça, perdi o meu bem mais precioso. Na verdade, o único bem precioso que eu tinha. Só Deus sabe o sofrimento que passei. Vivi esses anos todos em outra dimensão, só vegetava. Não sabia mais o que era amar alguém. Acho que nem saberia dizer se conseguia amar Rodolfo. Perdi meu filho, e seu filho me ensinou que posso viver de novo... que não amei em vão. Se é tão importante para você ouvir isso, eu digo: eu a perdoo, seja pelo que for, porque você permitiu que eu ficasse perto do seu filho. Obrigada.

Maria fechou os olhos um segundo, para secar as lágrimas, e quando os abriu pôde ver Géli já de costas, indo embora.

Capítulo 39
Esclarecimentos

Dias depois, Rose voltou ao hospital com Nina. Maria, apesar de surpresa com a presença das duas, ficou agradecida.

– Olá, Maria! Como vocês estão?

– Eu falei tudo para a Géli – Maria respondeu.

E relatou tudo o que contara para a prima de Rose, sempre aos tropeções. Quando terminou, Rose explicou:

– É por isso que estamos aqui.

– Como assim?

– Géli me pediu que conversássemos com vocês duas. Pode ser?

– Conversar? Sobre o quê?

Rose riu.

– Minha querida! Sobre essa confusão que está em sua cabeça!

– Eu...

Dona Nina interrompeu as duas:

– Filha, se pudéssemos nos reunir com o pequenino também, seria muito bom para todos.

– Pedro? Não sei... – Maria sentiu-se insegura.

– Não tenha medo. Confie em Deus, minha filha.

Géli ouviu as últimas palavras de Nina, pois acabava de entrar na antessala da enfermaria.

Quando Maria viu Géli, finalmente tomou coragem:

– Está bem! Vamos conversar com o Pedro.

Géli apenas sorriu tranquila para a prima, e entrou calada na enfermaria.

Pedro, como sempre, fez festa para Géli.

Maria esperou que as duas mulheres entrassem e disse ao filho:

– Hoje vamos todos conversar, está bem?

O menino apenas afirmou com a cabeça, fazendo um ar solene.

Nina falou:

– Podemos conversar, meus queridos.

Todos olhavam para Nina, inclusive o pequeno Pedro. Rose sorria para o menino, ao ver seu interesse na mulher que falava.

– Meu querido, você se lembra de muitas coisas que aconteceram antes de voltar aqui e ser filho dessa sua mamãe, não é?

Pedro apenas balançou a cabeça afirmativamente.

– Isso tudo que você passou foi necessário para que todos pudessem crescer com isso. O sofrimento também ensina muito.

Em outro tempo, muito distante, vocês tiveram oportunidade de consertar erros passados e não o fizeram. Agora, graças a Deus, foi diferente.

"Vocês podem viver serenos, com a paz de espírito daqueles que realmente perdoaram. Perdoai as nossas ofensas assim como perdoamos a quem nos tem ofendido. Todos devemos perdoar, pois todos, sem exceção, também merecemos o perdão de alguém. Aquele que nega o perdão a seu irmão, e o julga severamente, também será severamente julgado. E só quando tiverem a noção da importância do verdadeiro perdão é que aprenderão todas as lições e não sofrerão mais.

Aqui já não existem vítimas nem carrascos. Todos que viveram essa história tiveram suas culpas, mas isso faz parte de um tempo muito distante. Então, só resta viver a vida maravilhosa com que Deus lhes presenteou."

Maria envolvia os pequenos ombros do filho e observava Géli, que não demonstrava nenhuma reação.

– Alguém tem alguma pergunta a fazer? – Nina quis saber.

Maria percebeu que já era tempo de tudo mudar. Nada mais precisava ser dito, daquele dia em diante.

– Não – Maria e Géli responderam ao mesmo tempo.

– Ótimo! Graças a Deus! – Nina sorriu – Então agora eu gostaria de fazer uma oração. Todos, por favor, fechem os olhos.

As mulheres baixaram a cabeça, enquanto Pedro juntava as mãozinhas e fechava os olhos.

– Agradecemos ao Altíssimo, que sempre nos cobriu com Sua sombra, onde nos abrigamos de todas as tempestades da vida, e podemos, sob Sua sombra, esperar que esses tormentos passageiros apenas deixem a lição que precisávamos aprender. Que as Suas bênçãos estejam sempre sobre toda a humanidade. Que assim seja.

– Que assim seja... – todos responderam.

Maria abriu os olhos e viu o filho sorrindo para ela. Isso era tudo que podia pedir a Deus. Géli também sorria para Pedro.

Capítulo 40
Vida nova

Chegou o dia de Pedro voltar para casa. O transplante fora feito fazia mais de três meses e o menino não apresentara nenhuma reação negativa, sempre se mostrando em franca recuperação.

Maria e Géli estavam mais próximas e amigas, e esse era um dos melhores frutos daquela situação. Principalmente para Maria, que, por mais que se policiasse, ainda podia sentir-se culpada, pelo que lembrava de seu sonho. Mas Géli tinha a mesma reação toda vez que Maria tentava tocar no assunto: repreendia a médica e lembrava-lhe das palavras de dona Nina: "Perdoar".

O telefone de Maria tocou. Era André:

– Oi, meu amor, como está o nosso filho?

Ela riu do marido, que agora sempre se referia a Pedro assim: "nosso filho". Dizia, brincando, que era para ninguém duvidar disso.

– Ele está bem. Estamos esperando você, para voltar para casa.

– Eu sei, querida, mas o chefe convocou uma reunião de emergência e não posso sair daqui agora.

– Tudo bem. Nós o esperaremos.

– Acho melhor vocês irem para casa. Pedro vai entender. Todo esse tempo no hospital... Ele deve estar ansioso para voltar, não?

– É verdade – Maria sorriu. – A cada meio minuto ele pergunta se você já chegou...

– Pegue um táxi. Irei para casa logo que a reunião terminar.

– Combinado. Até mais tarde, querido.

Géli chegou no momento em que Maria desligava o telefone.

– Algum problema?

– Não, nada. É que o André teve uma reunião de emergência e não pode nos pegar agora.

– Rodolfo veio comigo. Levaremos vocês para casa.

– Não precisa se incomodar...

– E você realmente acha que isso seria um incômodo para nós?

Maria, sentindo-se corar, ia pedir desculpas, mas Géli já se afastava para ir buscar o marido. Quando voltou, Maria e Pedro já o aguardavam.

– Prontos? – Géli perguntou com um sorriso.

– Quem vai levar a gente? – Pedro perguntou, olhando desconfiado para Rodolfo.

Géli percebeu o olhar do menino para seu marido e lembrou-se do acidente. Achou que, se o menino recordava tanta coisa, também podia lembrar que era o pai que dirigia o carro, naquele dia, mas talvez não entendesse que ele não tivera culpa.

Maria também percebeu o olhar de Pedro e lembrou-se de como o menino ficava quando o pai dirigia. Talvez fosse pela lembrança do acidente, pensou.

– Pedro... – Géli começou – Rodolfo vai dirigir. Você se importa?

O menino ficou um momento pensativo. Rodolfo prendeu a respiração. Maria e Géli também.

– Não! – o garotinho sorriu – Ele é legal!

Todos relaxaram. Rodolfo parecia aliviado.

– Posso carregar você até o carro, Pedro? – Rodolfo perguntou.

– Pode. Mas só hoje, porque estou saindo do hospital, e a mamãe e a Gegê ficam só falando para eu não me esforçar muito...

Todos riram.

– Mas depois eu vou poder andar, porque já sou um rapaz!

– Certo, rapaz! – Rodolfo sorriu.

Dentro do carro, Pedro falou:

– Só quero que você vá bem devagarzinho...

Novamente Rodolfo ficou tenso, mas procurou disfarçar:

— E por que eu tenho de ir bem devagarzinho, rapaz?

— É que eu quero olhar para todas as árvores, e todas as flores, e todos os passarinhos, e todas as nuvens no céu! Não quero esquecer de ver nenhuma delas!

Todos sorriram para o menino.

O carro pegou a estrada. Maravilhado com a natureza, Pedro observava a estrada, os olhinhos fixos na paisagem.

Maria e Géli admiravam o pequenino, embevecidas. O boné de Pedro escondia a cabecinha ainda meio careca. Um lindo arco-íris se formara no céu. Era o prenúncio de uma vida nova, e mais feliz, para todos eles.

Fim

Ao terminar a leitura deste livro, talvez você tenha ficado com algumas dúvidas e perguntas a fazer, o que é um bom sinal. Sinal de que está em busca de explicações para a vida. Todas as respostas que você precisa estão nas Obras Básicas de Allan Kardec.

Se você gostou deste livro, o que acha de fazer com que outras pessoas venham a conhecê-lo também? Poderia comentá-lo com aquelas do seu relacionamento, dar de presente a alguém que talvez esteja precisando ou até mesmo emprestar àquele que não tem condições de comprá-lo. O importante é a divulgação da boa leitura, principalmente a da literatura espírita. Entre nessa corrente!

Allan Kardec

O Evangelho Segundo o Espiritismo
O livro espírita mais vendido agora disponível em moderna tradução: linguagem acessível a todos, leitura fácil e agradável, notas explicativas.

Disponível em três versões:
- **Brochura** (edição normal)
- **Espiral** (prático, facilita seu estudo)
- **Bolso** (fácil de carregar)

O Livro dos Espíritos
Agora, estudar o Espiritismo ficou muito mais fácil. Nova e moderna tradução, linguagem simples e atualizada, fácil leitura, notas explicativas.

Disponível em três versões:
- **Brochura** (edição normal)
- **Espiral** (prático, facilita seu estudo)
- **Bolso** (fácil de carregar)

O Livro dos Médiuns
Guia indispensável para entender os fenômenos mediúnicos, sua prática e desenvolvimento, tradução atualizada. Explicações racionais, fácil entendimento, estudo detalhado.

Disponível em duas versões:
- **Brochura** (edição normal)
- **Espiral** (prático, facilita seu estudo)

Coletânea de Preces Espíritas
Verdadeiro manual da prece. Orações para todas as ocasiões: para pedir, louvar e agradecer a Deus. Incluindo explicações e orientações espirituais.

- **Edição de Bolso**

Leia e recomende!
À venda nas boas livrarias espíritas e não-espíritas.

Sucessos da Petit Editora

Sinal verde
Espírito **André Luiz**
Psicografia de **Francisco Cândido Xavier**

Best-seller espírita: mais de 500 mil exemplares vendidos, agora em moderna edição, ilustrada por imagens sugestivas. Mensagens do Espírito André Luiz que reconfortam a alma e nos levam ao encontro da paz e da verdadeira felicidade.

Evangelho no lar
Do Espírito **Meimei**
Psicografado pela médium **Miltes Bonna**

"Apressar o momento em que o *Evangelho*, à luz do Espiritismo, deve adentrar o lar e aí fazer morada, é dever de todo cristão". Com estas palavras, Joanna de Ângelis, por meio do médium Divaldo Pereira Franco, saudou a publicação deste livro.

Sejamos felizes
Espírito **Antônio Carlos**
Psicografia da médium **Vera Lúcia Marinzeck**

Nestas belíssimas páginas, lições que nos conduzem à verdadeira felicidade. Explicando a origem de nossas dificuldades, Antônio Carlos ajuda-nos a entender que a vida responde aos nossos atos e nos devolve aquilo que endereçamos aos outros.

Para viver bem...
De **Humberto Pazian**

Livro de bolso que reserva grandes alegrias para quem está em busca de novas forças para vencer. Descubra você também que o essencial está ao seu alcance! Por maior que seja a dificuldade, nada resistirá ao seu desejo de viver feliz!

Leia e recomende!
À venda nas livrarias espíritas e não-espíritas

Livros da Patrícia

Best-seller

Violetas na janela
O livro espírita de maior sucesso dos últimos tempos – mais de 1,6 milhão de exemplares vendidos! Você também vai se emocionar com este livro incrível. Patrícia – que desencarnou aos 19 anos – escreve do outro lado da vida, desvendando os mistérios do mundo espiritual.

Vivendo no mundo dos espíritos
Depois de nos deslumbrar com *Violetas na janela*, Patrícia nos leva a conhecer um pouco mais do mundo dos espíritos, as colônias, os postos de socorro, o umbral e muito mais informações que descobrimos acompanhando-a nessa incrível viagem.

A casa do escritor
Patrícia, neste livro, leva-nos a conhecer uma colônia muito especial: A Casa do Escritor. Nesta colônia estudam espíritos que são preparados para, no futuro, serem médiuns ou escritores. Mostra-nos ainda a grande influência dos espíritos sobre os escritores.

O vôo da gaivota
Nesta história, Patrícia nos mostra o triste destino daqueles que se envolvem no trágico mundo das drogas, do suicídio e dos vícios em geral. Retrata também o poder do amor em benefício dos que sofrem.

Psicografados por Vera Lúcia Marinzeck de Carvalho

Leia e divulgue!
À venda nas boas livrarias espíritas e não-espíritas

Romances de Antônio Carlos

Psicografados por Vera Lúcia Marinzeck de Carvalho

A gruta das orquídeas
Prepare-se para desvendar o mistério da gruta das orquídeas! Nico é um rico fazendeiro ameaçado por um grupo suspeito de praticar magia negra. Preocupado com o neto, contrata um detetive para descobrir quem são os culpados dos crimes ocorridos na cidade.

Por que comigo?
O primeiro filho de Mário acaba de nascer. É um lindo menino. Instantes depois, Mário sente o mundo desabar sobre sua cabeça: "Por que meu filho nasceu assim?". Será que Lúcia e Mário, que se amam tanto, serão capazes de vencer juntos essa prova tão difícil?

O jardim das rosas
Até que ponto uma paixão desvairada nos leva a cometer atos impensados? Helena foi o grande amor de Luís – filho de um rico fazendeiro que a desejou com todas as forças de sua alma. Anos depois, desencarnados, eles finalmente entendem o que aconteceu e se preparam para recomeçar...

Aqueles que amam
Acompanhe a trajetória de duas famílias de imigrantes que vêm para o Brasil colônia em busca de uma vida melhor. Conheça a vida na fazenda, a luta contra a escravidão e o encontro de velhos inimigos de vidas passadas.

Novamente juntos
O que há por trás de encontros inusitados, de almas que de repente se encontram, se apaixonam e decidem compartilhar sonhos, alegrias e desventuras? Um livro surpreendente, para quem gosta de um belo romance.

Leia e recomende!
À venda nas boas livrarias espíritas e não-espíritas

Livros de Eurípedes Kühl

Livros que informam, esclarecem, emocionam e proporcionam momentos de paz!

150 anos de Allan Kardec
Facilita o entendimento do Espiritismo. Eurípedes Kühl – médium, pesquisador, escritor e palestrante requisitado – resume e comenta *O Livro dos Espíritos*, de Allan Kardec, demonstrando a atualidade dessa Obra Básica.

Três arco-íris
Romance do Espírito Josué
Juventino acredita que está encarnado e Enedine, um espírito benfeitor, o ajuda a recuperar-se. Ao apaixonar-se por ela, ele vai reviver o passado...

Saara: palco de redenção
Romance do Espírito Claudinei
Nas areias do deserto do Saara, o encontro de almas divididas por crenças religiosas. Enfrentando-se em lutas que se prolongam muito além da vida material, sofrem o terrível calor, a sede, a falta de recursos e a ferocidade de espíritos que desconhecem o bem.

Animais, nossos irmãos
Animais têm alma? Eles reencarnam? Eles têm carma? E emoções? Essas e muitas outras questões você encontrará neste livro.

Infidelidade e perdão
Romance do Espírito Josué
Infidelidade: a vida implode em alicerces de paixões, deixando os envolvidos em escombros. Um alerta do Espiritismo para aqueles que se deixam levar pelas aparências.

Sempre há uma esperança
Romance do Espírito Roboels
Karen quer subir na vida a qualquer custo, nem que para isso tenha de pisar em outros. Um romance esclarecedor!

Se você quiser conhecer todos os nossos títulos, e se interessar em receber um catálogo, sem compromisso, envie seus dados para Caixa Postal: 67545 – Ag. Almeida Lima – CEP 03102-970 – São Paulo – SP ou se preferir via e-mail: petit@petit.com.br

Sucessos da Butterfly

AMOR ALÉM DA VIDA
Richard Matheson

Best-seller que deu origem ao filme que emocionou milhões de pessoas. Annie perdeu o marido, vítima de um acidente fatal. Arrasada, pretende dar fim à vida. No Além, Chris, seu grande amor, quer ajudá-la a vencer a depressão...

FANTASMAS, ESPÍRITOS E APARIÇÕES
Linda Williamson

Quais são as diferenças entre fantasmas, espíritos e aparições? Neste livro esclarecedor, a médium inglesa Linda Williamson relata ocorrências impressionantes que envolvem o Além e explica a natureza das aparições e sua presença entre nós.

REENCARNAÇÃO
Roy Stemman

Por que, quando e onde reencarnaremos? Mudaremos de sexo? Toda a verdade sobre a reencarnação, incluindo pesquisas do brasileiro Hernani Guimarães Andrade. Casos extraordinários – registrados em várias partes do mundo – revelam a reencarnação.

UM ALÔ DO CÉU
Bill e Judy Guggenheim

Existe vida depois da morte? Os mortos podem comunicar-se? Neste livro – elogiado por Brian Wess, autor de *Muitas vidas, muitos mestres* – 353 depoimentos confirmam que a vida continua e explicam o destino daqueles que partiram deste mundo.

UM ÚLTIMO ABRAÇO ANTES DE PARTIR
Carla Wills-Brandon

Aqueles que se preparam para partir deste mundo recebem visitas do Além. Descubra neste livro toda a verdade sobre essas aparições espirituais. Nele, o drama da morte do corpo se desfaz, levando-nos a vislumbrar um outro plano da existência.

Querendo conhecer outros livros da Butterfly Editora, basta acessar o site www.flyed.com.br ou solicitar um catálogo sem compromisso pela Caixa Postal 67545 – Ag. Almeida Lima – CEP 03102-970 – São Paulo – SP.